RÈGLEMENTS

POUR LES

CONCOURS AUX GRANDS PRIX

DE L'ACADÉMIE ROYALE

DES BEAUX-ARTS.

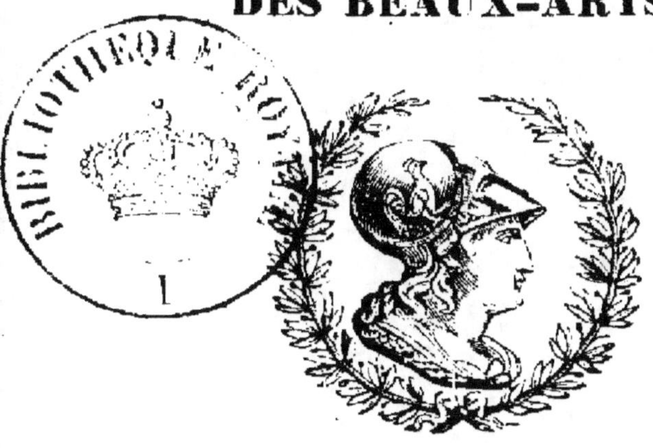

PARIS,

TYPOGRAPHIE DE FIRMIN DIDOT FRÈRES,

IMPRIMEURS DE L'INSTITUT,

RUE JACOB, 56.

1846.

RÈGLEMENTS

POUR LES

CONCOURS AUX GRANDS PRIX

DE L'ACADÉMIE ROYALE

DES BEAUX-ARTS.

DISPOSITIONS GÉNÉRALES.

ARTICLE PREMIER.

Il est ouvert, tous les ans, un concours public en peinture, en sculpture, en architecture et en musique.

ART. 2.

Il est ouvert, tous les deux ans, un concours public de gravure en taille-douce.

1.

Art. 3.

Il est ouvert, tous les quatre ans, un concours public pour la gravure en médailles et en pierres fines.

Art. 4.

Il est ouvert, tous les quatre ans, un concours public pour le paysage historique.

Art. 5.

Pour être admis à concourir, il faut être Français ou naturalisé Français, n'avoir pas trente ans accomplis à l'époque fixée pour le premier essai, et être porteur d'un certificat d'un artiste, qui, d'après la notoriété publique, se livre à l'enseignement.

Les élèves mariés ne peuvent être admis à concourir.

Art. 6.

Tous les ans, dans le courant de janvier, il sera inséré au *Moniteur* l'annonce des concours qui devront avoir lieu dans l'année, et de l'époque de l'ouverture de chacun de ces concours.

Cette époque, qui est celle du premier essai, dans chaque concours, est fixée de la manière suivante :

Peinture, dernier jeudi d'avril ;

Sculpture, second jeudi de mai ;

Architecture, dernier vendredi d'avril ;

Gravure en taille-douce, 3e lundi d'avril ;

Gravure en médailles, 2e jeudi d'avril ;

Paysage historique, avant-dernier jeudi d'avril ;

Musique, 1er samedi de juin.

ART. 7.

L'Académie royale des Beaux-Arts de l'Institut détermine, d'après des concours d'essai, le nombre des élèves admissibles, et choisit, selon le mode ci-après indiqué, les concurrents admis au concours définitif.

ART. 8.

Le tableau des dispositions générales des concours est affiché dans l'école, huit jours au moins avant l'ouverture de ces concours.

ART. 9.

Les concours de chaque année sont jugés successivement dans l'ordre déterminé par l'Académie.

ART. 10.

Les ouvrages des concurrents, pour chaque concours définitif, sont exposés publiquement dans les salles de l'école, pendant trois jours consécutifs; et l'avis de cette exposition est préalablement rendu public.

ART. 11.

Le jugement ne doit avoir lieu qu'après cette exposition publique.

ART. 12.

Sont exceptés des dispositions de ces deux derniers articles, les ouvrages de composition musicale

ART. 13.

§ 1. Les ouvrages qui auront mérité des premiers grands prix ne pourront être retouchés après le jugement, sous quelque prétexte que ce soit.

§ 2. Ceux qui auront obtenu des seconds prix, ou des mentions honorables, ne pourront être retouchés avant l'exposition.

ART. 14.

L'Académie royale des Beaux-Arts, dans sa séance publique du premier samedi d'octobre, distribue les prix qui auront été remportés dans les concours de l'année.

ART. 15.

§ 1. Les élèves qui ont remporté les premiers grands prix, reçoivent un diplôme qui atteste dans quelle section des beaux-arts ils ont remporté le prix; il leur est décerné une couronne et une médaille d'or; ils vont, aux frais de l'État, passer à Rome, ou ailleurs, comme il sera expliqué plus bas, un nombre d'années déterminé pour chacun des différents arts.

§ 2. Ceux qui remportent les seconds grands prix reçoivent un diplôme, une couronne et une médaille d'or d'une moindre valeur; ils jouissent de l'exemption du service militaire, accordée à tous ceux qui obtiennent les grands prix de l'Institut, en vertu du § 6 de l'article 14 de la loi sur le recrutement de l'armée, ainsi conçu :

« Art. 14. Seront comptés comme ayant sa-
« tisfait à la loi sur le recrutement :

« § 6. Les jeunes gens ayant remporté les
« grands prix de l'Institut ou de l'Univer-
sité. »

§ 3. Si les juges du concours, après avoir rempli les formalités mentionnées ci-après, décident qu'il y ait lieu de décerner un deuxième second grand prix, l'élève qui l'aura obtenu recevra un diplôme et une médaille d'or d'une valeur comparativement moindre ; du reste, il jouira de la même exemption du service militaire, en vertu de l'article ci-dessus mentionné.

Art. 16.

§ 1. Les élèves qui ont remporté un second grand prix, ne peuvent concourir que pour le premier dans le même art.

§ 2. Ceux qui auraient déjà obtenu une mention honorable, ne peuvent également prétendre qu'au second ou au premier grand prix.

ART. 17.

Il sera donné connaissance aux concurrents, avant l'entrée en loges, tant des règlements sur les concours que des obligations imposées à ceux qui remporteront le premier grand prix, relativement au départ pour Rome, afin qu'ils ne puissent, par ignorance de ces dispositions, contracter des engagements qui les mettraient hors d'état de se rendre à Rome, dans l'espace du temps prescrit.

ART. 18.

Tous les concurrents reçoivent une indemnité pour frais d'exécution du concours (1).

---

(1) Cette indemnité est réglée ainsi qu'il suit :

Pour chaque concurrent peintre .... 150 f.
Pour chaque sculpteur..................... 150
Pour chaque architecte.................... 100
Pour chaque musicien.. 50
Pour chaque graveur en taille-douce 100
Pour chaque graveur en médailles et pierres fines.. 150
Pour chaque paysagiste 100

Cette indemnité sera perdue pour ceux des concurrents qui n'auraient pas rempli les conditions du concours, à moins que l'Académie ne décide qu'il y a des motifs suffisants d'excuse en faveur de ceux qui seraient dans ce cas

ART. 19.

Cette indemnité ne leur est accordée qu'après qu'ils ont produit un certificat constatant qu'ils n'ont commis dans les loges aucune dégradation, l'état des lieux étant préalablement vérifié en leur présence par des commissaires.

ART. 20.

Aucun des concurrents ne pourra soustraire son ouvrage au jugement de l'Académie, sous le prétexte qu'il n'est pas assez avancé, ou pour quelque autre cause que ce soit.

ART. 21.

Lorsque tous les jugements sont terminés, le secrétaire perpétuel de l'Académie adresse au Ministre un rapport où sont consignés les résultats des concours des grands prix.

ART. 22.

Il est tenu par le secrétaire perpétuel de l'Académie un registre particulier contenant les procès-verbaux de toutes les séances des jugements des concours.

ART. 23.

La surveillance et le maintien de l'ordre à observer dans les concours sont attribués à l'administration de l'école royale des Beaux-Arts, qui reste chargée spécialement de tout ce qui concerne l'exécution des règlements relatifs à la surveillance à exercer sur les concurrents.

ART. 24.

Les loges sont fermées les dimanches et fêtes. Aucun jour supplémentaire ne peut être accordé que pour cause majeure, et toujours par une décision de l'Académie, sur un rapport motivé, transmis par l'administration de l'école royale des Beaux-Arts.

Art. 25.

Si quelque difficulté imprévue entravait l'exécution du règlement, l'administration de l'école, qui a dans ses attributions la haute surveillance des concours, prononcerait provisoirement sur le point en litige, et en référerait immédiatement à l'Académie par un rapport adressé à son président. Celui-ci, après avoir consulté l'Académie, qui appréciera et jugera en dernier ressort, transmettra la décision à l'administration de l'école, pour en effectuer l'exécution immédiate, et l'avis en sera donné à M. le Ministre de l'intérieur.

Art. 26.

Durant la tenue de ces concours, un extrait des règlements concernant chaque concours est affiché à l'entrée des loges qui y sont affectées.

Le secrétaire perpétuel de l'école demeure chargé d'assurer l'exécution de ces dispositions.

Art. 27.

Les concurrents sont mis sous la surveillance de l'agent de l'école chargé de faire observer tous les règlements relatifs à la police
des concours.

Ils ne doivent introduire dans leur loge aucune personne étrangère à l'école (les modèles
reconnus pour tels exceptés), ni s'introduire
eux-mêmes dans les loges de leurs camarades,
sous peine d'être exclus du concours.

L'agent de l'école aura seul le droit d'entrer
dans les loges.

Art. 28.

L'appel des élèves admis à concourir sera
fait à huit heures précises du matin. Ceux
qui se présenteraient après cet appel terminé
ne pourraient plus être reçus.

CONCOURS DE PEINTURE.

1er ESSAI.

ARTICLE PREMIER.

En peinture, le premier concours se fait invariablement le dernier jeudi d'avril.

ART. 2.

Le jour indiqué pour le premier concours d'essai, les membres de la section de peinture de l'Académie se réunissent, à sept heures du matin, avec les membres du bureau, et procèdent au choix du programme pour le premier concours d'essai, suivant le mode qui sera indiqué plus bas; voyez les art. 27, 28, 29, 30, 31 et 32, relatifs au choix du sujet pour le concours définitif.

ART. 3.

Le programme est lu aux concurrents par le secrétaire perpétuel de l'Académie, qui doit être assisté d'un membre de la section de peinture, n'ayant pas, autant que possible, d'élèves au nombre des concurrents.

Art. 4.

Le sujet de l'esquisse est pris dans la mythologie ou dans l'histoire ancienne, sacrée
ou profane.

Art. 5.

La mesure des toiles pour ce premier essai
est celle dite de *six*, de 32 centimètres sur
40 centimètres.

Art. 6.

L'esquisse doit être terminée dans le jour.
Toute communication avec le dehors est interdite dès que la dictée du programme a eu
lieu. Aucun objet, d'une nature quelconque,
ne peut être introduit dans le lieu du concours. Les concurrents prendront à cet égard
les précautions qu'ils jugeront nécessaires.

Ils seront placés dans les salles du concours, conformément aux dispositions prises
à l'art. 9, pour le placement des esquisses.

Art. 7.

Les esquisses sont signées le soir même
par un membre de la section de peinture,

assisté du secrétaire perpétuel de l'école, après le départ des élèves.

Art. 8.

Les concurrents mettent leur nom au revers de leur esquisse.

Art. 9.

Avant le jugement, les esquisses sont exposées publiquement, pendant deux heures.

Dans l'exposition des esquisses, on suivra d'abord l'ordre des succès académiques, pour les élèves connus à l'école, et l'ordre d'inscription sur le registre de l'école, pour tous les autres.

Art. 10.

§ 1. La section de peinture de l'Académie, réunie aux membres du bureau, se rassemble, au jour indiqué, dans le lieu de l'exposition des esquisses, sur lesquelles sont placés les numéros d'ordre de l'exposition.

§ 2. Un classement préalable des esquisses aura été fait le matin par deux membres de la section, qui seront les plus jeunes suivant l'ordre du tableau.

§ 3. Les membres du bureau prennent part à toutes les discussions ; mais ils n'ont de voix délibérative, pour le choix des esquisses, que s'ils font partie de la section.

ART. 11.

Il est décidé d'abord, à la majorité absolue des suffrages recueillis au scrutin secret, s'il y a lieu, ou non, d'admettre des concurrents au second concours d'essai.

ART. 12.

Si l'affirmative est adoptée, il est procédé au choix des esquisses qui mériteront à leurs auteurs de passer au second concours d'essai, d'après le modèle vivant, comme il sera dit ci-après.

ART. 13.

Le nombre des élèves à admettre au second concours d'essai ne pourra excéder vingt.

ART. 14.

Les esquisses admises par ce premier jugement sont déposées au secrétariat de l'école, pour être produites, lors du second concours d'essai, dont elles font essentiellement partie.

ART. 15.

Immédiatement après le jugement, les noms des élèves admis au second concours d'essai sont affichés dans l'école.

SECOND CONCOURS D'ESSAI.

ART. 16.

Le second concours d'essai a toujours lieu dans la quinzaine qui suit le jugement du concours du 1er essai.

ART. 17.

Ce concours consiste dans l'exécution d'une figure nue, peinte d'après le modèle vivant, posé par un membre de la section de peinture, n'ayant pas, autant que possible, d'élèves au concours, lequel sera désigné huit jours d'avance dans une séance de l'Académie.

ART. 18.

§ 1. Ce concours a lieu dans une des salles

de l'école préparée à cet effet et disposée de la manière la plus propre à faciliter le travail des concurrents.

§ 2. Les concurrents doivent exécuter leur figure en quatre séances de sept heures chacune ; ils prendront leurs places suivant leur ordre de réception à ce concours.

ART. 19.

La mesure de la toile, pour la figure peinte, est celle dite de *vingt-cinq*, de 65 centimètres sur 81 centimètres.

ART. 20.

Ce second concours est jugé, comme le premier, par la section de peinture de l'Académie, réunie à son bureau, de la manière qui a été indiquée ci-dessus à l'art. 10.

ART. 21.

Les mêmes formes de jugement y sont observées, et la majorité absolue des suffrages y est pareillement requise. Les bulletins désignent les ouvrages par les numéros qui leur ont été apposés.

ART. 22.

Le jugement devant porter tout à la fois sur la figure peinte et sur l'esquisse du premier concours, celle-ci doit être réunie à la figure, et toutes deux indiquées par un seul et même numéro.

ART. 23.

Le nombre des élèves admis à concourir ne pourra excéder dix.

ART. 24.

Immédiatement après le jugement, les noms des élèves admis au concours définitif, sont affichés dans l'école, ainsi que la désignation du jour fixé pour le concours définitif.

CONCOURS DÉFINITIF.

ART. 25.

Le concours définitif des grands prix de peinture commence ordinairement dans la semaine qui suit le jugement du concours du second essai.

ART. 26.

Ce concours consiste dans l'exécution d'un tableau d'histoire, dont la toile, de mesure dite de *quatre-vingts*, aura un mètre 40 cent. sur un mètre 15 cent. L'infraction à cet article emporterait la mise hors du concours.

ART. 27.

Le jour fixé pour l'ouverture de ce concours, les membres de la section de peinture, joints à ceux du bureau de l'Académie, se réunissent, à 7 heures du matin, dans la salle de l'école affectée à cet usage, où ils procèdent au choix du sujet que les concurrents auront à traiter.

ART. 28.

Chaque membre présent propose un ou plusieurs sujets du genre qu'on nomme historique, c'est-à-dire pris dans la mythologie, ou dans l'histoire ancienne, soit sacrée, soit profane.

ART. 29.

La section choisit ensuite, par la voie du

scrutin individuel, et à la majorité absolue des suffrages, trois des sujets proposés.

ART. 3o.

Les titres de ces trois sujets sont mis dans une urne, et celui qui en sort le premier devient le sujet du concours; il est procédé immédiatement à la rédaction de ce sujet, dont il est fait autant de copies qu'il y a de concurrents.

ART. 3i.

Le sujet choisi et rédigé, sans qu'aucun des membres présents ait pu quitter la séance, le secrétaire perpétuel de l'Académie, accompagné de deux commissaires, qui n'aient pas, autant que possible, d'élèves parmi les concurrents, en porte sur-le-champ le programme aux concurrents assemblés dans les loges, et leur en fait la lecture.

ART. 32.

Ce programme doit être remis à neuf heures du matin, au plus tard. Les membres de la section restent en permanence jusqu'au retour des commissaires, afin d'être en mesure d'opérer, s'il y avait lieu, quelque changement dans la rédaction du programme.

Art. 33.

Après que les concurrents ont reçu chacun une copie du programme et une feuille sur laquelle ils doivent, dans une mesure donnée, tracer distinctement leur esquisse, on leur donne connaissance des règlements qui prescrivent l'ordre et les conditions à observer pour la sûreté et la régularité des concours, et ils entrent de suite dans les loges, qu'ils choisissent, selon leur ordre d'admission fixé par le dernier jugement.

Art. 34.

Les concurrents doivent avoir terminé leur esquisse dans l'espace de douze heures. Toute composition qui ne serait pas suffisamment arrêtée pourrait motiver la mise hors du concours.

Art. 35.

Toute communication avec le dehors est interdite, dès que la dictée du programme a eu lieu. Aucun objet d'une nature quelconque ne peut être introduit dans les loges. Les concurrents prendront à cet égard les précautions qu'ils jugeront nécessaires.

Art. 36.

L'esquisse du tableau est, après la douzième heure, reçue par un membre de la section de peinture, accompagné du secrétaire perpétuel de l'école.

Art. 37.

Le membre de la section de peinture désigné par l'Académie, signe le calque qui a été signé aussi par l'élève; l'agent recueille ces calques dans un portefeuille qui est revêtu du sceau de l'Académie, et qui est remis à la garde du secrétaire perpétuel de l'école, pour être reproduit, sous sa responsabilité, le jour de l'exposition du concours.

Ces calques doivent être arrêtés de manière à ne laisser aucun doute sur la composition du tableau. Dans le cas contraire, ils pourraient motiver la mise hors du concours, au jugement définitif.

Art. 38.

Les esquisses restent à la disposition des concurrents, sans sortir des loges.

Art. 39.

La durée du concours est de 72 jours de travail, à partir de la séance de la composition de l'esquisse, qui est faite le jour de la dictée du programme.

Art. 40.

Aucun mannequin, mobile ou non, drapé hors des loges, ne peut y être introduit.

L'entrée des modèles de femmes est interdite ; mais il est permis aux concurrents d'apporter des études peintes ou dessinées, lorsqu'il se trouve des figures obligées de femmes dans le sujet du concours. Ces études devront toujours être nues et d'une dimension différente des figures du tableau. Elles seront présentées à l'agent, pour qu'il puisse en prendre note.

Les concurrents ne doivent apporter dans leurs loges, sous aucun prétexte, ni gravures, ni tableaux, ni esquisses ou figures peintes, excepté les études de femmes, ainsi qu'il a été expliqué précédemment.

Art. 41.

Aucun concurrent ne peut soustraire son ouvrage à l'exposition, sous prétexte qu'il n'est pas terminé, ou pour quelqu'autre cause que ce soit. Tous les ouvrages doivent être exposés, quel qu'en soit le degré d'avancement. Dans le cas où l'un des concurrents aurait détruit son travail, il perdrait l'indemnité qui lui est accordée, et cette contravention à l'ordre établi serait rendue publique, de la manière que déciderait l'Académie des Beaux-Arts.

Art. 42.

A l'époque déterminée par l'Académie, et le concours étant clos, les tableaux sont déposés sous le scellé dans un lieu aéré, pour y sécher jusqu'au jour fixé pour vernir et préparer l'exposition.

Art. 43.

La pose et la levée du scellé sont effectuées, en présence des concurrents et du membre de la section de peinture, par le secrétaire perpétuel de l'école.

ART. 44.

La levée du scellé se fait le lundi qui précède l'exposition publique, laquelle commence toujours le mercredi.

EXPOSITION PUBLIQUE.

ART. 45.

Les tableaux étant vernis, sont exposés sur le même front, à la hauteur de 1 mètre 30 centimètres.

ART. 46.

L'ordre de réception au concours ne peut être interverti pour le placement de chacun des tableaux, lesquels doivent prendre le jour sur le même angle.

ART. 47.

Les calques sont retirés de dessous le scellé et placés sous verre, au bas de chaque tableau exposé.

JUGEMENT DU CONCOURS DÉFINITIF.

ART. 48.

Le jugement définitif aura toujours lieu le dernier samedi de septembre, autant que cela sera possible.

3.

JUGEMENT PRÉPARATOIRE.

ART. 49.

Le jour assigné pour le jugement des grands prix, la section de peinture, présidée par le bureau de l'Académie, s'assemble à onze heures précises du matin dans les salles de l'exposition, pour soumettre à un jugement préparatoire les ouvrages exposés avec les calques.

Elle fait vérifier par deux commissaires qu'elle choisit parmi ses membres, n'ayant pas, autant que possible, d'élèves au nombre des concurrents, si tous les élèves ont rempli les conditions du programme, et se sont conformés à leurs esquisses, ainsi qu'aux dimensions exigées par le règlement.

ART. 50.

Sur le rapport de ces commissaires, la section propose d'exclure du concours ou d'y maintenir les concurrents, selon que les ouvrages donnent lieu à quelque reproche de contravention, ou bien en sont exempts.

ART. 51.

La section décide ensuite, par la voie du

scrutin individuel, et jusqu'à ce qu'il s'ensuive une majorité absolue, sans recours au ballottage, à quel numéro doit être accordé le premier grand prix.

Art. 52.

Ce concours est jugé absolument dans les mêmes formes que celles qui sont prescrites aux articles 10 et 20.

Art. 53.

Dans le cas où la majorité absolue des suffrages est acquise à l'un des ouvrages du concours, la section procède ensuite, dans les mêmes formes de scrutin, pour adjuger un second grand prix, puis, un deuxième second grand prix, et une ou plusieurs mentions honorables, tant que la majorité négative ne s'y oppose pas.

Art. 54.

L'opinion de la section sur le mérite absolu ou relatif des ouvrages, est recueillie et sommairement motivée dans un procès-verbal signé du président et du secrétaire perpétuel de l'Académie. Le chiffre de la majorité sera consigné dans ce procès-verbal, où il sera fait aussi mention du nombre des suffrages qu'auront obtenus les différents ouvrages, ainsi que du nombre des scrutins qui auront eu lieu.

ART. 55.

A une heure après midi, le même jour, l'Académie royale des Beaux-Arts s'assemble dans le même local.

ART. 56.

L'assemblée formée, le secrétaire perpétuel fait lecture du procès-verbal de la séance tenue par la section, lequel contient son jugement préparatoire, et les motifs de ce jugement.

ART. 57.

Le président désigne deux des membres de la section, autres que ceux qui auraient été chargés du premier rapport, et n'ayant pas d'élèves au concours, autant que possible, pour faire un nouveau rapport sur la question de savoir si toutes les conditions du concours et celles du programme ont été fidèlement remplies par tous les concurrents, et si les ouvrages sont conformes aux esquisses.

ART. 58.

D'après ce rapport, l'Académie décide si les concurrents sont maintenus dans le concours, ou si quelqu'un doit en être exclu.

Art. 59.

En conséquence de la décision, le président invite l'Académie à voter immédiatement. Les formes observées lors du jugement préparatoire (voyez l'art. 51) sont exactement suivies pour les opérations de ce jugement, ce qui a lieu par la voie du scrutin individuel, et jusqu'à ce qu'il s'ensuive une majorité absolue des suffrages, sans recours au ballottage, et en posant ainsi la question : *A quel numéro doit être accordé le premier grand prix ?*

Art. 60.

§ 1. Après que le premier grand prix a été décerné, l'agent de l'école indique par un signe l'ouvrage dont l'auteur a déjà remporté un second grand prix ou une mention honorable.

§ 2. Dans le cas où l'Académie n'aurait pas décerné le premier grand prix, ce premier grand prix est tenu en réserve pour les concours suivants, s'il y a lieu.

Art. 61.

L'Académie décide de la même manière et par les mêmes formes de scrutin à quel numéro sera accordé le second grand prix.

Art. 62.

S'il est fait la proposition d'accorder un deuxième second grand prix, et que cette proposition soit appuyée, il sera procédé, pour adjuger ce deuxième second grand prix, par les mêmes formes du scrutin que pour le premier.

Art. 63.

Il sera procédé de la même manière pour les mentions honorables.

Art. 64.

Les noms de ceux qui ont remporté les grands prix sont proclamés à mesure que les jugements sont rendus.

CONCOURS DE SCULPTURE.

1er ESSAI.

ARTICLE PREMIER.

Le concours du premier essai en sculpture a lieu invariablement le second jeudi de mai.

Art. 2.

Le jour indiqué pour le premier concours d'essai, les membres de la section de sculpture de l'Académie, joints à ceux du bureau, se réunissent à sept heures précises du matin, et procèdent, d'après les formes déterminées aux articles 40, 41 et 42, concernant le choix du sujet du concours définitif, au choix du programme du premier concours d'essai.

Art. 3.

Le sujet de l'esquisse est pris dans la mythologie ou dans l'histoire ancienne, sacrée ou profane.

Art. 4.

Le programme est dicté aux concurrents par le secrétaire perpétuel de l'Académie, qui doit être assisté d'un membre de la section, n'ayant pas, autant que possible, d'élèves au nombre des concurrents.

Art. 5.

La mesure dans œuvre des fonds pour ce premier essai, est de 33 centimètres sur 41 centimètres.

Art. 6.

Les encadrements et les bases doivent être placés à angle droit, sur la surface donnée.

Art. 7.

Dans tous les concours de sculpture, les concurrents sont tenus d'employer la même espèce de terre, la terre commune, sous peine de mise hors de concours.

Art. 8.

Toute communication avec le dehors est interdite, dès que la dictée du programme a eu lieu. Aucun objet d'une nature quelconque ne peut être introduit dans la salle du concours. Les concurrents prendront à cet égard les précautions qu'ils jugeront nécessaires.

L'esquisse doit être terminée dans la journée.

Art. 9.

Le soir même, après le départ de tous les élèves, les esquisses sont timbrées par un membre de la section de sculpture, assisté du secrétaire perpétuel de l'école.

Art. 10.

Les concurrents mettent leur nom au revers de leur esquisse. Dans l'exposition des esquisses, on suivra d'abord l'ordre des succès académiques, pour les élèves connus à l'école, et l'ordre d'inscription sur le registre de l'école, pour tous les autres.

ART. 11.

Avant le jugement, ces esquisses sont exposées publiquement pendant deux heures, dans une salle de l'école.

JUGEMENT DU PREMIER ESSAI.

ART. 12.

La section de sculpture de l'Académie, réunie aux membres du bureau, s'assemble, au jour indiqué, dans le lieu d'exposition des esquisses, sur lesquelles sont placés les numéros de l'exposition.

ART. 13.

Les membres du bureau prennent part à toutes les discussions; mais ils n'ont voix délibérative que s'ils font partie de la section.

ART. 14.

Deux commissaires choisis, autant que possible, parmi les membres de la section qui n'ont pas d'élèves au concours, font, en présence de la section, un classement provisoire pour faciliter le jugement.

Art. 15.

Il est ensuite procédé au choix des esquisses, au scrutin individuel, et à la majorité absolue des suffrages.

Art. 16.

Le nombre des concurrents à admettre au second concours d'essai, ne pourra excéder seize.

Art. 17.

Les esquisses admises par ce premier jugement sont déposées au secrétariat de l'école, pour être produites, lors du jugement du second concours d'essai, dont elles font essentiellement partie.

Art. 18.

Immédiatement après le jugement, les noms des élèves admis au second concours d'essai, sont affichés dans l'école.

SECOND CONCOURS D'ESSAI.

ART. 19.

Ce concours a lieu dans la quinzaine qui suit le jugement du premier essai.

ART. 20.

Il consiste dans l'exécution d'une figure nue, modelée d'après le modèle vivant, posé par un membre de la section de sculpture désigné huit jours d'avance par l'Académie.

ART. 21.

Ce concours a lieu dans l'une des salles de l'école disposée à cet effet.

Le rang pour le choix des places est déterminé par l'ordre dans lequel les concurrents ont été admis par le précédent jugement.

ART. 22.

Les concurrents doivent exécuter leur figure en quatre séances, de sept heures chacune.

ART. 23.

La mesure dans œuvre du fond, pour les

figures modelées, est de 55 centimètres sur 82 centimètres, non compris la plinthe devant porter la figure.

Art. 24.

Les encadrements et les bases doivent être placés à angle droit sur le fond.

Art. 25.

Lorsque ce concours est terminé, après le départ de tous les élèves, les figures sont timbrées par le membre de la section qui a posé le modèle, accompagné du secrétaire perpétuel de l'école.

Art. 26.

Avant le jugement, les figures sont exposées publiquement pendant deux heures, dans une salle de l'école.

Les figures sont placées suivant l'ordre d'admission des esquisses.

JUGEMENT DU SECOND ESSAI.

Art. 27.

Ce concours est jugé, comme le premier, suivant la forme prescrite aux articles 12 et 13.

ART. 28.

Les figures sont jugées, comme les esquisses, par la voie du scrutin individuel, et à la majorité absolue des suffrages. Les bulletins désignent les ouvrages par les numéros qui leur ont été apposés.

ART. 29.

Le jugement devant porter tout à la fois sur la figure modelée et sur l'esquisse du premier concours d'essai, celle-ci doit être réunie à la figure, et toutes deux indiquées par un seul et même numéro.

ART. 30.

Le nombre des élèves admis à concourir définitivement pour le grand prix de sculpture, ne doit pas excéder huit.

ART. 31.

Immédiatement après le jugement, les noms des élèves admis au concours définitif, sont affichés dans l'école, ainsi que la désignation du jour fixé pour ce concours.

CONCOURS DÉFINITIF.

ART. 32.

Le concours définitif des grands prix de sculpture commence dans la semaine qui suit le jugement du second essai.

Le choix des loges se fait suivant l'ordre de réception des élèves au concours.

ART. 33.

Ce concours consiste dans un bas-relief, ou une figure de ronde bosse.

ART. 34.

Les bas-reliefs seront modelés sur un fond de 1 mètre 55 centimètres , sur 1 mètre 15 centimètres. Ce fond sera entouré, sur trois côtés , d'une bordure ayant 22 centimètres de saillie et 3 centimètres d'épaisseur ; la base sur la même saillie aura 4 centimètres d'épaisseur.

ART. 35.

Les bordures sur les bases doivent être placées à angle droit sur la surface donnée.

Art. 36.

Les figures de ronde bosse auront 1 mètre 15 centimètres de proportion. Elles seront vérifiées, à défaut de la longueur totale, sur la mesure proportionnelle des membres. Les concurrents qui ne se conformeraient pas strictement à cette disposition, seraient mis hors de concours.

Art. 37.

Les plinthes auront 8 centimètres de hauteur.

Art. 38.

Le jour fixé pour l'ouverture de ce concours, la section de sculpture et les membres du bureau de l'Académie, s'assemblent, à sept heures précises du matin, dans la salle de l'école assignée pour cette séance, et procèdent au choix du sujet que les concurrents auront à traiter.

Art. 39.

Avant de procéder au choix du sujet, il est décidé, au scrutin et à la majorité des suffrages, si le sujet sera traité en bas-relief, ou en ronde bosse.

Art. 40.

Chaque membre présent propose un ou plusieurs sujets, tirés, soit de la mythologie, soit de l'histoire ancienne, sacrée ou profane.

Art. 41.

La section choisit ensuite, par la voie du scrutin individuel, et à la majorité absolue des suffrages, trois des sujets proposés.

Art. 42.

Les titres de ces trois sujets sont mis dans une urne, et celui qui en sort le premier, devient le sujet du concours.

Art. 43.

Le sujet choisi et rédigé, sans qu'aucun des membres présents ait pu quitter la séance, le secrétaire perpétuel de l'Académie, accompagné de deux membres de la section, ne comptant pas, autant que possible, d'élèves parmi les concurrents, en porte sur-le-champ le programme aux concurrents assemblés dans les loges, et leur en fait la lecture.

Art. 44.

Ce programme doit être remis à neuf heures du matin, au plus tard. Les membres de la section restent en permanence jusqu'au retour des commissaires, afin de pouvoir, s'il y avait lieu, opérer quelque changement dans la rédaction du programme.

Art. 45.

Si le programme demande un bas-relief, l'esquisse doit être exécutée sur le fond dont la mesure est prescrite (art. 5). Si le sujet doit être traité en ronde bosse, l'esquisse de la figure aura 34 centimètres de proportion, sur une plinthe de 3 centimètres.

Art. 46.

Les concurrents doivent avoir terminé leur esquisse dans l'espace d'une journée. Toute esquisse qui ne serait pas suffisamment arrêtée, pourrait motiver la mise hors du concours, lors du jugement définitif.

Art. 47.

Après la dictée du programme, les concurrents ne peuvent avoir aucune communication avec le dehors, ni rien introduire dans leurs loges, sous quelque prétexte que ce soit. Il leur est interdit d'en sortir avant la fin de la journée.

ART. 48.

Après le départ de tous les élèves, les esquisses sont reçues par le membre de la section de sculpture déjà désigné, qui n'ait pas, autant que possible, d'élèves au concours, et timbrées par lui du sceau de l'Académie, en présence du secrétaire perpétuel de l'école.

ART. 49.

Ces esquisses sont numérotées sur la plinthe par les concurrents, selon l'ordre de leur réception, et en présence de l'agent de l'école. Elles sont immédiatement moulées.

ART. 5o.

Les épreuves en plâtre de couleur sont enfermées sous le scellé, et confiées à la garde du secrétaire de l'école, et sous sa responsabilité, pour être reproduites par lui, lors de l'exposition publique du concours.

Art. 51.

Aucun concurrent ne peut soustraire son ouvrage à l'exposition, sous prétexte qu'il n'est pas terminé, ou pour quelqu'autre cause que ce soit. Tous les ouvrages doivent être exposés, quel qu'en soit le degré d'avancement ; **dans le cas où l'un des concurrents aurait détruit son travail**, il perdrait l'indemnité qui lui est accordée, et cette contravention à l'ordre établi serait rendue publique, de la manière que déciderait l'Académie des Beaux-Arts.

Art. 52.

Les concurrents ne peuvent introduire dans les loges que des plâtres moulés sur nature. Il leur est interdit d'introduire des gravures, des dessins et des calques. Toute contravention à cet article pourrait motiver la mise hors du concours.

Art. 53.

L'entrée des modèles de femmes est interdite ; mais il est permis aux concurrents d'apporter des études en plâtre, lorsqu'il se trouve des figures obligées de femmes dans le sujet du concours. Ces études devront toujours être nues et d'une dimension différente de celle des figures du bas-relief.

ART. 54.

Aucun mannequin, mobile ou non, drapé hors des loges, n'y peut être introduit.

ART. 55.

La durée du concours est de 72 jours de travail, les dimanches et fêtes déduits, y compris le jour de la dictée du programme.

ART. 56.

Les 72 jours étant expirés, et la clôture ayant eu lieu, le lundi soir qui précède l'exposition publique, le lendemain, mardi, s'effectue, en présence des élèves, le transport des ouvrages dans la salle d'exposition.

ART. 57.

Pendant le placement successif des bas-reliefs ou des figures de ronde bosse, aucun travail n'est permis dans les loges, ou dans la salle d'exposition.

Art. 58.

Lorsque tous les ouvrages sont placés, il est accordé aux concurrents deux heures de travail dans la salle d'exposition, seulement pour réparer les accidents qui ont pu avoir lieu par suite du transport.

Art. 59.

Aucune personne, autre que les concurrents, les surveillants du concours et les hommes de service, ne peut être admise dans la salle d'exposition, pendant le placement des ouvrages du concours, et pendant les deux heures de travail accordées; les modèles en sont formellement exclus.

EXPOSITION PUBLIQUE.

Art. 60.

Les travaux des concurrents sont exposés sur le même front, à la hauteur d'un mètre.

Art. 61.

L'ordre de réception au concours ne peut être interverti pour le placement de chaque bas-relief ou figure ; tous les ouvrages doivent prendre le jour sur le même angle.

Art. 62.

Les figures de ronde bosse, placées sur des selles tournantes, ou bien les bas-reliefs, seront isolés de manière que, le jour du jugement, les juges puissent circuler entre chaque ouvrage.

Art. 63.

Les figures de ronde bosse seront exposées entre deux barrières, pour que, pendant l'exposition, le public puisse les voir sous tous les aspects.

Art. 64.

Les esquisses des concurrents sont exposées publiquement, et dès le premier jour.

JUGEMENT DU CONCOURS DÉFINITIF.

Art. 65.

Le jugement du concours définitif a toujours lieu le second samedi après le deuxième jour de septembre.

JUGEMENT PRÉPARATOIRE.

ART. 66.

Le jour assigné pour le jugement des grands prix, la section de sculpture, présidée par le bureau de l'Académie, s'assemble à onze heures précises du matin dans la salle d'exposition, pour porter un jugement préparatoire sur les ouvrages exposés avec les esquisses.

ART. 67.

Les membres du bureau prennent part à toutes les discussions, mais dans la forme établie aux articles 13 et 27.

ART. 68.

Deux commissaires, choisis autant que possible parmi les membres de la section qui n'ont pas d'élèves au concours, vérifient si tous les concurrents se sont conformés à leurs esquisses et aux dimensions exigées par le règlement.

ART. 69.

Sur le rapport de ces commissaires, la section exclut du concours ou y maintient les concurrents, suivant qu'ils auront observé les règlements ou qu'ils y auront manqué.

ART. 70.

La section décide ensuite, par la voie du scrutin et à la majorité absolue des suffrages, à quel ouvrage elle décerne le premier grand prix. Elle procède de même pour le second prix.

ART. 71.

Si la section pense qu'il y a lieu à décerner un deuxième second grand prix, ou quelque mention honorable, elle décide ces questions de la même manière.

ART. 72.

L'opinion de la section sur le mérite des ouvrages, est recueillie et sommairement motivée dans un procès-verbal, signé du président et du secrétaire perpétuel de l'Académie. Le chiffre de la majorité sera consigné dans le procès-verbal. Il y sera fait aussi mention du nombre des suffrages qu'auront obtenus les différents ouvrages, ainsi que du nombre des scrutins qui auront eu lieu.

JUGEMENT DÉFINITIF.

Art. 73.

A une heure après midi, le même jour, l'Académie des Beaux-Arts s'assemble dans le même local.

Art. 74.

Après que le secrétaire perpétuel a donné lecture du procès-verbal de la séance du jugement préparatoire, le président charge deux commissaires choisis, autant que possible, parmi les membres qui n'ont pas d'élèves au concours, et autres que les commissaires de la séance du jugement préparatoire, autant que cela se pourra, de vérifier si les ouvrages sont conformes aux esquisses et aux dimensions prescrites par le règlement.

Art. 75.

D'après ce rapport, et à raison des observations auxquelles il peut donner lieu, l'Académie décide si quelqu'un des concurrents doit être mis hors du concours.

Art. 76.

L'Académie procède ensuite, par la voie du scrutin, et à la majorité absolue des suffrages, au choix de l'ouvrage qui mérite le premier grand prix.

Art. 77.

Dès que ce premier grand prix est décerné, l'agent de l'école met un signe propre à faire reconnaître les ouvrages qui ont pu obtenir, aux précédents concours, un second prix, ou une mention honorable.

Art. 78.

Dans le cas où le premier grand prix ne serait pas accordé, il serait tenu en réserve pour les coucours suivants, s'il y avait lieu.

Art. 79.

Il est procédé de même pour le jugement du second grand prix.

Art. 80.

S'il est fait la proposition d'accorder un deuxième second grand prix, ou quelque mention honorable, l'Académie délibère sur ces propositions, dans les mêmes formes de scrutin.

Art. 81.

Les noms des concurrents qui ont remporté les prix, sont proclamés, à mesure que les jugements sont rendus.

CONCOURS D'ARCHITECTURE.

ARTICLE PREMIER.

Il y a deux concours pour les grands prix annuels d'architecture, le premier appelé *concours d'essai*, le second *concours définitif.*

Le premier de ces concours a lieu invariablement le dernier vendredi d'avril.

ART. 2.

Tous les élèves et étudiants en architecture sont admis au concours d'essai, pourvu qu'ils remplissent d'ailleurs les conditions prescrites à l'article 5 des dispositions générales, et qu'ils justifient d'études faites dans l'une des écoles publiques d'architecture, constituées par l'État, et de succès obtenus dans les différentes branches de cet art, telles que les mathématiques, la géométrie descriptive et la construction; succès qui devront être constatés au moyen de certificats délivrés par les professeurs desdites écoles, et dûment légalisés par les autorités locales, et adressés au secrétaire de l'Académie royale des Beaux-Arts.

CONCOURS D'ESSAI.

Art. 3.

Le but de ce concours d'essai étant d'éprouver les forces des élèves, et de faire connaître ceux qui ont fait preuve, dans tout ce qui tient à la partie scientifique de l'art, d'études suffisantes pour être admis au concours définitif, dont l'objet est spécialement consacré à l'art lui-même, sont exemptés du concours d'essai ceux qui auront précédemment fourni ces preuves de leur capacité, savoir :

1º Les élèves qui auront déjà remporté un second grand prix.

2º Ceux qui auront déjà obtenu d'être admis en loge, et s'ils ont rendu en grand· le projet sur lequel ils ont été admis.

3º Ceux qui, dans les concours d'émulation de l'école de Paris, auront obtenu une médaille sur projet rendu.

Art. 4.

Le concours d'essai consiste dans la composition d'un projet dont l'esquisse, arrêtée à l'encre, doit être terminée, sans désemparer, dans la journée, et remise à l'un des membres

de la section d'architecture de l'Académie,
désigné par elle à cet effet, qui les signe à
onze heures du soir, au plus tard.

ART. 5.

Le jour indiqué pour le concours d'essai,
la section d'architecture, réunie aux membres
du bureau de l'Académie, se rassemble à
sept heures du matin dans une des salles de
l'école, et procède au choix du programme,
comme il va être dit à l'art. 7, pour le concours définitif.

Les calques sont inadmissibles.

ART. 6.

Le lendemain matin, les esquisses sont exposées publiquement pendant deux heures,
dans la salle de l'école, par l'agent de l'école,
en présence du membre de l'Académie désigné plus haut, et après cette exposition, ces
esquisses sont marquées chacune d'un numéro.

Le même jour, à une heure précise, la section d'architecture de l'Académie royale des
Beaux-Arts, réunie au bureau de cette Académie, s'assemble, sous sa présidence, dans la
salle d'exposition, et choisit au scrutin les

meilleures de ces esquisses jusqu'au nombre nécessaire pour, y compris celui des élèves exempts du concours d'essai (d'après l'art. 3 ci-dessus), compléter le nombre de *trente*, qui est celui des élèves admissibles au concours définitif.

Les membres du bureau prennent part à toutes les discussions; mais ils n'ont de voix délibérative, pour le choix des esquisses, que s'ils font partie de la section.

CONCOURS DÉFINITIF.

ART. 7.

Le jour indiqué pour le concours définitif, la section d'architecture, réunie aux membres du bureau de l'Académie, se rassemble à sept heures du matin, sous sa présidence, dans une des salles de l'école, pour donner le programme du grand prix. Les seuls membres de la section proposent un ou plusieurs sujets, dont on forme une liste, sur laquelle trois sujets sont choisis par la voie du scrutin, et à la majorité absolue des voix des membres de la section seulement.

Les titres de ces trois sujets sont ensuite mis dans une urne; celui que le sort désigne devient le programme du concours, et, de suite, il est procédé à la discussion et à la rédaction définitive de ce programme. Cette rédaction étant arrêtée, sans qu'aucun des membres présents ait pu quitter la séance, le secrétaire perpétuel de l'Académie, accompagné de deux commissaires (dont l'un est l'auteur du programme), porte sur-le-champ ce programme aux concurrents assemblés dans le lieu du concours, et leur en fait la lecture.

Ce programme doit être remis à neuf heures du matin, au plus tard, et rester exposé dans la salle du concours.

Art. 8.

Au moment de l'entrée du secrétaire perpétuel et des deux commissaires dans le lieu du concours, où les concurrents sont assemblés, les portes en sont fermées, et, dès ce moment, les concurrents ne doivent avoir aucune communication avec le dehors. Aucun objet d'une nature quelconque ne pourra être introduit dans le même lieu. Les concurrents prendront

à cet égard les précautions qu'ils jugeront nécessaires.

ART. 9.

Les membres de la section restent en permanence jusqu'au retour des commissaires,
afin d'être en état d'opérer quelque changement dans la rédaction du programme, s'il y
avait lieu.

ART. 10.

Les esquisses faites d'après le programme
choisi doivent être arrêtées à l'encre d'une
manière invariable. Le concours terminé, ces
esquisses sont remises au membre de la section
d'architecture désigné plus haut, qui les signe
et les paraphe; elles doivent toutes être ren-
dues et consignées le lendemain à sept heures
précises du matin.

Les calques sont inadmissibles.

A neuf heures, les esquisses avec le programme sont exposées publiquement pendant
deux heures par l'agent de l'école, en présence du membre de la section d'architecture
désigné à cet effet, et du secrétaire perpétuel
de l'école.

Ces esquisses ne sont numérotées qu'après le départ des élèves.

ART. 11.

A une heure du même jour, la section d'architecture, réunie aux membres du bureau, s'assemble dans la salle d'exposition. Deux commissaires choisis, autant qu'il se peut, parmi les membres de la section qui n'ont point d'élèves au concours, examinent les esquisses pour vérifier si elles sont conformes aux mesures et aux conditions prescrites par le programme, et en font l'objet d'un rapport.

D'après ce rapport, la section juge s'il y a lieu d'exclure quelque esquisse du concours.

ART. 12.

Le secrétaire perpétuel fait ensuite lecture du programme ; puis, le président pose cette question : *Y a-t-il lieu d'admettre des concurrents à concourir pour le grand prix?* Cette question étant résolue par l'affirmative, il est procédé successivement au scrutin individuel, et à la majorité absolue des suffrages recueillis entre les seuls membres de la section, sans

6

ballottage, et par voie d'élimination, au choix des meilleures esquisses. Ces esquisses devront être revêtues d'un sceau provisoire, jusqu'au moment où les concurrents seront admis à en prendre des calques.

Art. 13.

Le nombre des concurrents à réserver sur leurs esquisses est de huit au plus.

Art. 14.

En vertu de ce jugement, les seuls concurrents admis sont réunis le surlendemain, de dix heures du matin à quatre heures de l'après-midi, dans une salle de l'école, où, en présence du membre de la section, chacun d'eux prend un calque *au crayon* de son esquisse, pour l'exécution en grand de son projet. Aucun d'eux ne peut calquer à l'encre, ni séparément de ses concurrents.

Art. 15.

Immédiatement après l'opération des calques, les esquisses originales admises à concourir sont signées de nouveau et datées par le membre de la section, réunies en une boîte fermée à clef et scellée des sceaux de l'Académie et de l'école. Cette boîte est remise avec la clef à la garde du secrétaire perpétuel de l'école. Ce même jour, il est fait lecture aux concurrents réunis des règlements qui prescrivent l'ordre et les conditions à observer pour la régularité du concours.

ART. 16.

Les loges destinées à recevoir les concurrents sont tirées au sort entre eux.

ART. 17.

Les concurrents sont tenus de dessiner dans leur loge, non-seulement leurs projets au net, mais encore les études de ces projets, qu'il est expressément défendu d'apporter du dehors.

Celui qui sera pris en contravention sera mis hors de concours.

A cet effet, tous les papiers destinés, soit *aux études*, soit *aux dessins* au net, seront exactement visés et contre-signés sur les collures par le membre de la section, auquel les dessins au net seront remis, aussitôt qu'ils seront terminés.

JUGEMENT DU CONCOURS DÉFINITIF.

ART. 18.

Le jour fixé pour la remise des projets mis au net, l'agent fera exposer (sans noms, lettres, ni numéros) les projets rendus et les esquisses originales qui y correspondent, dans la salle de l'école, en sorte qu'ils puissent être vus trois jours par le public. Les places numérotées d'abord seront tirées au sort entre les concurrents.

Aucun dessin, autre que ceux qui sont demandés par le programme, n'est admis à l'exposition.

JUGEMENT PREPARATOIRE.

ART. 19.

Au jour désigné pour le jugement, la section d'architecture, réunie aux membres du bureau de l'Académie, s'assemble, à 11 heures du matin, dans la salle d'exposition, pour procéder au jugement préparatoire des projets exposés. Les ouvrages seront distingués par numéros, sans aucune indication de noms.

Deux commissaires pris, autant que possible, parmi les membres de la section qui n'aient pas d'élèves au concours, sont chargés de vérifier si les concurrents se sont conformés à toutes les conditions du concours, ainsi qu'aux données du programme, et si les projets rendus sont pareillement conformes à leurs esquisses.

Est mis hors de concours tout projet qui ne serait pas lavé ou terminé entièrement, au trait, à l'encre.

Sur le rapport de ces commissaires, la section exclut du concours les projets qui n'ont pas satisfait aux conditions ci-dessus indiquées.

Ensuite, il est décidé, par la voie du scrutin, à la majorité absolue des suffrages des membres de la section seulement, à quel projet elle est d'avis que le premier grand prix soit décerné.

ART. 20.

La section décide de la même manière et par les mêmes formes de scrutin à quel numéro sera accordé le second grand prix.

L'opinion de la section sur le mérite des ouvrages est motivée dans un procès-verbal si-

6.

Art. 24.

Les noms des élèves qui ont remporté les grands prix, sont proclamés à mesure des jugements rendus, et consignés aux procès-verbaux de l'Académie.

CONCOURS DE PAYSAGE HISTORIQUE.

Article premier.

Le concours de paysage historique a lieu de quatre ans en quatre ans. L'ouverture en est invariablement fixée l'avant-dernier jeudi d'avril.

Art. 2.

Le prix et les avantages attachés à ce concours sont en tout les mêmes que pour le concours de peinture historique, si ce n'est que la durée de la pension n'est que de quatre ans.

Art. 3.

Le sujet du concours de paysage est constamment du genre noble et historique.

Art. 4.

Le sujet est donné par la section de peinture réunie aux membres du bureau, et dans les formes établies pour les autres concours.

Art. 5.

L'annonce de ce concours sera rendue publique à deux reprises, savoir : une première fois dans le courant de janvier de l'année où ce concours doit avoir lieu, et une seconde fois, un mois avant l'ouverture même du concours.

Art. 6.

Les conditions sont les mêmes que pour les autres concours, c'est-à dire qu'il faut être né Français ou naturalisé Français, n'avoir pas trente ans accomplis, et n'être pas marié.

PREMIER CONCOURS D'ESSAI.

Art. 7.

L'admission au concours de paysage historique est précédée de deux concours d'essai.

Art. 8.

Le premier concours d'essai consiste en une esquisse de paysage historique peinte, faite dans une journée. Le sujet en est donné le matin par la section de peinture, réunie aux membres du bureau, dans les formes déterminées aux articles 2 et suivants des règlements du concours pour les grands prix de peinture.

La mesure de la toile pour cette esquisse est celle dite de *huit*, ou de 0,38, sur 0,46.

Art. 9.

La section de peinture, réunie aux membres du bureau, fait, selon les formes établies pour les autres concours, le choix de ceux des concurrents qui seront admis au second concours d'essai. Les concurrents ne pourront excéder le nombre de 16.

SECOND CONCOURS D'ESSAI.

Art. 10.

§ 1. Ce concours dure dix jours entiers, et a lieu, ainsi que le précédent, dans des loges choisies par les concurrents, selon leur rang d'admission, sous la surveillance de l'agent, qui doit empêcher qu'il ne soit apporté de l'extérieur aucune étude.

§ 2. Les dix jours de ce concours seront distribués de manière qu'il en soit employé *six* pour la peinture de l'arbre, *trois* pour la figure peinte, et *un* pour le dessin perspectif.

§ 3. La mesure de la toile de l'arbre est celle dite de *quarante*, c'est-à-dire de 1^m, sur 0,81.

§ 4. Le premier jour du concours de l'arbre, les concurrents seront tenus de laisser un calque de leur composition, qui, après avoir été signé par le membre de l'Académie désigné à cet effet, demeurera sous le sceau de l'Académie, pour être reproduit lors du jugement du concours définitif. Ce calque sera fait sur un papier fourni par l'école. Il devra représenter exactement la composition de l'arbre, et il n'est point permis d'y rien changer.

Art. 11.

Les concurrents seront tenus de plus d'exécuter une figure nue, peinte d'après nature, de la dimension de 42 centimètres, sur une toile dite de *dix*. Ce dernier concours a lieu en commun.

ART. 12.

§ 1. Les concurrents admis au second concours d'essai doivent exécuter en peinture, sur une toile de la mesure indiquée à l'art. 10, un arbre se détachant sur le ciel, et dont l'espèce sera déterminée, le matin du jour de l'ouverture du concours, par la section de peinture, d'après un certain nombre de sujets proposés par elle et tirés au sort.

§ 2. A la peinture de cet arbre sera jointe dans la même toile l'exécution d'un sujet dont les figures auront au moins 12 centimètres de proportion.

§ 3. Les concurrents seront tenus en outre de faire preuve de connaissances en perspective, en exécutant dans un jour un dessin perspectif sur un programme donné le matin par un membre de la section de peinture que l'Académie aura désigné d'avance. Ce dessin sera exécuté sur une demi-feuille de papier grand aigle.

ART. 13.

Au jour indiqué, la section de peinture s'assemble, avec les membres et sous la présidence du bureau de l'Académie, dans le local d'exposition des ouvrages, et fait, dans les formes prescrites pour les concours de peinture historique, articles 20 et 21, le choix de ceux des concurrents qui doivent être admis au concours définitif.

Art. 14.

Huit concurrents au plus peuvent être admis au concours définitif.

CONCOURS DÉFINITIF.

Art. 15.

Le jour indiqué pour l'ouverture de ce concours, la section de peinture s'assemble, avec les membres et sous la présidence du bureau de l'Académie, à sept heures précises du matin, dans la salle de conseil de l'école.

Art. 16.

Il est procédé au choix du sujet de paysage historique de la même manière et avec les mêmes formes de scrutin que pour le concours du grand prix de peinture. (Voy. articles 28, 29, 30, 31.)

Art. 17.

La mesure du tableau, le temps donné pour l'exécuter, les règlements de surveillance intérieure, sont en tout les mêmes que pour le concours de peinture historique.

Art. 18.

Les concurrents doivent donner un calque qui représente clairement toutes les lignes de composition de leur paysage, et des figures qui l'accompagneront; il ne leur est point permis d'y rien changer.

Les esquisses restent à la disposition des concurrents, sans sortir des loges.

Art. 19.

Aucun tableau, aucune étude, aucune estampe, ne doivent être apportés dans les loges. Il est pourtant permis aux concurrents d'introduire des études de femmes ou d'animaux, mais d'une grandeur double au moins de celle des figures du tableau.

Art. 20.

Les figures devront avoir 12 cent. au moins et 24 cent. au plus de proportion.

ART. 21.

Le présent règlement sera lu aux concurrents, à leur entrée en loge.

JUGEMENT PRÉPARATOIRE.

ART. 22.

Au jour indiqué pour le jugement du concours définitif, la section de peinture se rassemble, avec les membres et sous la présidence
du bureau de l'Académie, à onze heures du
matin, dans la salle d'exposition de l'école des
Beaux-Arts, pour soumettre à un jugement
préparatoire les tableaux exposés avec les
calques. Elle fait vérifier par deux commissaires qu'elle choisit parmi ses membres, n'ayant
pas, autant que possible, d'élèves au nombre
des concurrents, si tous ces concurrents ont
rempli les conditions du programme, et se
sont conformés à leurs esquisses, ainsi qu'aux
dimensions exigées par le règlement.

ART. 23.

Sur le rapport de ces commissaires, la section exclut du concours, ou elle y maintient
les concurrents, selon que les ouvrages donnent

lieu à quelque reproche de contravention ou bien en sont exempts.

Art. 24.

La section décide ensuite, par la voie du scrutin individuel et jusqu'à ce qu'il s'ensuive une majorité absolue, sans recours au ballottage, à quel numéro doit être accordé le premier grand prix.

Art 25.

Le concours est jugé absolument dans les mêmes formes que celles qui sont prescrites aux art. 10, 20, et 52, des règlements des concours pour les grands prix de peinture.

Art. 26.

Si, en conséquence de ce scrutin, la majorité absolue des suffrages est acquise à l'un des ouvrages du concours, la section procède ensuite dans les mêmes formes, pour adjuger un second grand prix, et, s'il y a lieu, un deuxième second grand prix.

Art. 27.

L'opinion de la section sur le mérite des ouvrages est motivée dans un procès-verbal signé du président et du secrétaire perpétuel de l'Académie. Le chiffre de la majorité sera consigné dans ce procès-verbal. Il y sera aussi fait mention du nombre des suffrages qu'auront obtenus les différents ouvrages, ainsi que du nombre des scrutins qui auront eu lieu.

JUGEMENT DÉFINITIF.

Art. 28.

A une heure de l'après-midi, le même jour, l'Académie royale des Beaux-Arts s'assemble dans le même local.

Art. 29

L'assemblée formée, le secrétaire perpétuel fait lecture du procès-verbal de la séance du jugement préparatoire, lequel contient le résultat et les motifs de ce jugement.

Art. 30.

Ensuite, deux des membres de l'Académie, qui n'aient pas, autant que possible, d'élèves parmi les concurrents, et qui soient autres que les deux commissaires du jugement préparatoire, suivant qu'il sera possible, sont désignés par le président pour faire un rapport sur la question de savoir si toutes les conditions du concours et du programme ont été fidèlement remplies par tous les concurrents, et si les ouvrages sont conformes aux esquisses.

Art. 31.

D'après ce rapport, l'Académie décide si tous les concurrents sont maintenus au concours, ou si quelqu'un en sera exclu.

Art. 32.

En conséquence de la décision prise par l'Académie, le président invite l'assemblée à voter immédiatement. Les formes observées lors du jugement préparatoire, art. 24, sont exactement suivies pour les opérations de ce jugement; ce qui a lieu par la voie du scrutin individuel, et jusqu'à ce qu'il s'ensuive une majorité absolue des suffrages, sans recours au ballottage, et en posant ainsi la première question : *A quel numéro doit être accordé le premier grand prix ?*

Art. 33.

Dès que le premier prix est décerné, l'agent de l'école met sur les ouvrages dont les auteurs ont pu obtenir un second prix dans les précédents concours, un signe propre à les faire reconnaître.

Art. 34.

Le président consulte ensuite de la même manière l'Académie, pour savoir s'il y a lieu à décerner un second grand prix.

S'il est fait la proposition d'accorder, soit un deuxième second grand prix, soit quelque mention honorable, l'Académie délibère sur ces propositions, dans les mêmes formes et par les mêmes procédés de scrutin.

Art. 35.

Les noms des concurrents qui obtiennent les prix sont proclamés à mesure des jugements.

CONCOURS DE GRAVURE EN TAILLE-DOUCE.

ARTICLE PREMIER.

Il y a tous les deux ans, pour le grand prix de gravure en taille-douce, deux concours, l'un d'essai, l'autre définitif.

L'époque de l'ouverture de ce concours est invariablement fixée au troisième lundi d'avril.

ART. 2.

Tous ceux qui se présentent au concours pour le grand prix de gravure en taille-douce, doivent préalablement déposer chez le secrétaire perpétuel de l'école, une épreuve d'une ou de plusieurs planches qu'ils auront gravées, soit d'après un dessin, soit d'après un tableau. Ces épreuves porteront le certificat du maître sous lequel chacun des concurrents aura étudié.

ART. 3.

Ils y joindront une déclaration signée d'eux, attestant que lesdites gravures sont faites par eux dans leur totalité. Il leur sera délivré de ces pièces un reçu détaillé ; et ils seront immédiatement reçus au nombre des concurrents pour le concours d'essai.

Tout concurrent qui ferait une fausse déclaration, serait mis hors de concours.

PREMIER CONCOURS D'ESSAI.

ART. 4.

Le jour indiqué, à huit heures du matin,

les concurrents, réunis dans la salle du modèle, tirent au sort pour établir leur rang. Il en est fait une liste, d'après laquelle chaque concurrent, sur l'appel qui se fait, choisit sa place pour dessiner une figure, d'après le modèle posé par un membre de la section de peinture de l'Académie, désigné huit jours d'avance.

Art. 5.

Cinq jours sont accordés, à cinq heures de travail chacun, non compris le repos du modèle, pour dessiner cette figure, qui aura environ 5o centimètres de proportion.

Art. 6.

Le lundi suivant, à huit heures du matin, les concurrents se réunissent à l'école pour y dessiner une figure d'après l'antique, placée par le membre de la section désigné plus haut.

Art. 7.

L'appel pour le choix des places se fera d'après la liste ci-dessus mentionnée, mais cette fois en commençant par le dernier et poursuivant jusqu'au premier.

Art. 8.

Cinq jours sont accordés pour exécuter ce second dessin, depuis huit heures du matin jusqu'à deux heures de l'après-midi.

Art. 9.

Il y aura, de dix heures à midi, une exposition publique, en y joignant les gravures exécutées par les concurrents.

Art. 10.

Le samedi de la même semaine, la section de gravure, à laquelle auront été adjoints par la voie du scrutin trois membres pris dans la section de peinture de l'Académie, s'assemble à une heure, sous la présidence de son bureau, dans le local de l'école où sont exposés les dessins des coucurrents d'après le modèle vivant et d'après l'antique, ainsi que leurs estampes comprises dans l'exposition publique.

Art. 11.

Le président consulte la section sur la question de savoir s'il y a lieu d'admettre les concurrents au concours définitif. Les membres du bureau prennent part à toutes les discussions; mais la voix délibérative n'appartient qu'aux membres de la section de gravure et aux trois membres de celle de peinture adjoints par l'Académie.

ART. 12.

Le nombre des concurrents admis au concours définitif sera de huit au plus.

CONCOURS DÉFINITIF.

ART. 13.

Ceux des concurrents qui auront été choisis, comme il vient d'être dit, se réuniront le lundi suivant, à l'effet d'exécuter un dessin d'après une figure antique, choisie et placée par le membre de la section de peinture de l'Académie mentionné plus haut.

ART. 14.

Pour le choix des places, ils suivront le rang qui leur aura été assigné par le jugement du concours d'essai.

ART. 15.

Chaque dessin est fait sur papier de la

dimension indiquée à l'art. 5, tendu soit sur châssis, soit sur carton. La signature du membre de l'Académie est apposée, quand le dessin est terminé, sur le côté de la feuille qui aura été timbrée par le secrétaire perpétuel de l'école.

Art. 16.

Il est accordé six jours, à cinq heures de travail chaque jour, pour l'exécution de ce dessin.

Art. 17.

Le lundi suivant, les concurrents se rendent à huit heures du matin à l'école, où ils trouvent un modèle posé par le membre de l'Académie.

Le même ordre pour le choix des places que celui qui est fixé à l'art. 14, a lieu dans cette nouvelle épreuve.

Les ouvrages des élèves seront faits sur papier blanc, de la dimension qui est indiquée pour les dessins du concours d'essai.

Art. 18.

Il est de même accordé six jours pour faire

ce dessin, depuis huit heures du matin jusqu'à deux heures de l'après-midi.

ART. 19.

Le dessin devra être scellé, dans son cadre, aux quatre coins, du sceau de l'Académie, en présence du membre de l'Académie déjà désigné.

Le cuivre portera une estampille, qui sera posée par le même membre.

ART. 20.

Au jour indiqué, les concurrents entrent en loge pour graver la figure que chacun aura dessinée d'après le modèle vivant, et qu'ils réduiront à la proportion de 32 centimètres.

ART. 21.

Pour le choix des loges, ils suivent le rang déterminé par le jugement du concours d'essai. Ils restent en loge 90 jours, y compris celui où ils y seront entrés.

ART. 22.

Aucun concurrent ne peut emporter sa planche, qui reste constamment déposée dans la loge. L'impression des épreuves d'essai se fera dans l'établissement même, en présence d'un surveillant. Cette opération pourra être renouvelée jusqu'à cinq fois pendant la durée du concours. Ces épreuves devront toujours rester dans la loge, et être représentées à la première sommation. Elle seront numérotées et ne pourront être morcelées.

Les concurrents ne pourront faire, dans leur loge, d'épreuves de leur planche, par quelque procédé que ce soit.

ART. 23.

Il y aura une exposition des ouvrages des concurrents. Cette exposition se composera du dessin d'après l'antique, du dessin d'après nature, et d'une épreuve de la planche, réunis.

Cette épreuve devra être exempte de retouches ; et pour qu'il en soit ainsi, elle sera remise immédiatement après l'impression, au secrétaire de l'école, qui la fera placer dans un cadre scellé. Toute contravention à cet article motivera la mise hors du concours.

ART. 24.

Le jour indiqué, à onze heures du matin, la section de gravure, et les trois membres pris dans la section de peinture, s'assemblent, conjointement avec les membres du bureau de l'Académie, et sous sa présidence, dans le lieu d'exposition des ouvrages des concurrents.

Art. 25.

Deux commissaires sont nommés pour vérifier si toutes les conditions requises ont été observées par les concurrents. Ces commissaires devront autant que possible être pris parmi les membres de la section qui n'auront pas d'élèves au concours.

Art. 26.

Sur le rapport de ces commissaires, la section propose d'exclure du concours ou d'y maintenir les concurrents, selon que les ouvrages donnent lieu à quelque reproche de contravention, ou bien en sont exempts.

Art. 27.

La section décide ensuite, par la voie du scrutin individuel, et jusqu'à ce qu'il s'ensuive une majorité absolue, sans recours au ballottage, à quel numéro doit être accordé le premier grand prix.

ART. 28.

Le concours est jugé absolument dans les mêmes formes que celles qui sont prescrites aux art. 10, 20 et 52, des règlements pour les concours de peinture historique.

ART. 29.

Si, en conséquence de ce scrutin, la majorité absolue des suffrages est acquise à l'un des ouvrages du concours, la section procédera ensuite dans les mêmes formes pour adjuger un second grand prix.

ART. 30.

Lorsqu'il y aura lieu d'accorder un deuxième second grand prix, cette proposition sera mise aux voix et décidée de la même manière, à la majorité des suffrages.

ART. 31.

L'opinion de la section sur le mérite absolu ou relatif des ouvrages, est recueillie et sommairement motivée dans un procès-verbal signé du président et du secrétaire perpétuel. Il sera fait mention du nombre de voix obtenues par les divers ouvrages, et de celui des scrutins qui auront eu lieu.

JUGEMENT DÉFINITIF.

ART. 32.

A une heure de l'après-midi, le même jour, l'Académie royale des Beaux-Arts s'assemble dans le même local.

ART. 33.

L'assemblée formée, le secrétaire perpétuel fait lecture du procès-verbal de la séance du jugement préparatoire, lequel contient le résultat et les motifs de ce jugement.

ART. 34.

Ensuite le président désigne deux des membres de l'Académie, qui n'aient pas, autant que possible, d'élèves parmi les concurrents, et qui soient autres que les deux premiers, pour faire un rapport sur la question de savoir si toutes les conditions du concours et du programme ont été fidèlement remplies par tous les concurrents.

ART. 35.

En conséquence de la décision prise par l'Académie, le président invite l'assemblée à voter immédiatement. Les formes observées

8.

lors du jugement préparatoire, art. 27, sont exactement suivies pour les opérations de ce jugement ; ce qui a lieu par la voie du scrutin individuel, et jusqu'à ce qu'il s'ensuive une majorité absolue des suffrages, sans recours au ballottage, et en posant ainsi la question : *A quel numéro doit être accordé le premier grand prix ?*

Art. 36.

Dans le cas où l'Académie n'aurait pas décerné le premier grand prix, ce premier grand prix est tenu en réserve pour les concours suivants, s'il y a lieu.

Art. 37.

Dès que le premier prix a été décerné, l'agent de l'école place sur les ouvrages dont les auteurs auront pu obtenir un second prix dans les précédents concours, un signe propre à les faire reconnaître.

Art. 38.

L'Académie est ensuite invitée par le président à voter sur le second grand prix ; ce qui a lieu de la même manière que pour le premier.

S'il est fait la proposition d'accorder soit

un deuxième second grand prix, soit quelque mention honorable, l'Académie délibère sur ces propositions dans les mêmes formes de scrutin.

Art. 39.

Les noms des concurrents qui ont remporté les prix, sont proclamés à mesure des jugements.

CONCOURS DE GRAVURE EN MÉDAILLES ET PIERRES FINES.

Article premier.

Il y a tous les quatre ans un concours pour le grand prix de gravure en médailles et en pierres fines.

L'époque de ce concours est invariablement fixée au 2e jeudi d'avril.

Art. 2.

Tous ceux qui veulent concourir pour ce grand prix sont tenus de déposer au secrétariat de l'école, avant le jour indiqué pour ce concours, quelques ouvrages de gravure en médailles et en pierres fines, qui témoignent de leur capacité dans l'un et l'autre genre, et qui soient accompagnés du certificat d'un maître.

ART. 3.

Ils y joindront une déclaration signée d'eux, attestant que lesdits ouvrages sont faits par eux dans leur totalité. Il leur est délivré de ces pièces un reçu détaillé, et ils sont inscrits immédiatement au nombre des concurrents pour le concours d'essai. Quiconque fera une fausse déclaration sera mis hors de concours.

PREMIER CONCOURS D'ESSAI.

ART. 4.

Le jour indiqué pour le concours, les concurrents font une esquisse modelée en terre sur un sujet pris dans la mythologie, ou dans l'histoire ancienne, sacrée ou profane. Ce sujet est donné par la section de gravure de l'Académie, à laquelle auront été adjoints trois membres de celle de sculpture.

Le choix du programme se fait suivant le mode déterminé pour le concours de sculpture. Cette esquisse aura pour mesure 32 centimètres sur 41 centimètres, et devra être terminée dans le jour. Toute communication avec le dehors est interdite, dès que la dictée du programme a eu lieu. Aucun objet, d'une nature quelconque, ne peut être introduit dans le lieu du concours. Les concurrents prendront à cet égard les précautions qu'ils jugeront nécessaires.

Art. 5.

Les encadrements et les bases doivent être placés à angle droit sur la surface donnée. Dans tous les concours, les élèves sont tenus d'employer la même espèce de terre, la terre commune, sous peine de mise hors du concours.

Art. 6.

Le programme est dicté aux concurrents, par le secrétaire perpétuel de l'Académie, qui doit être assisté d'un membre de la section de sculpture, ou de gravure, n'ayant pas, autant que possible, d'élèves au nombre des concurrents.

Art. 7.

Les concurrents mettent leur nom au revers de leur esquisse.

Art. 8.

Le soir même, après le départ de **tous** les élèves, les esquisses sont timbrées **par un** membre de l'Académie, désigné **huit jours** d'avance, et assisté du secrétaire perpétuel de l'école.

Art. 9.

Avant le jugement, ces esquisses sont **ex**posées publiquement, pendant deux **heures,** dans une salle de l'école.

Art. 10.

Au jour indiqué, la section de **gravure,** assistée d'autant de membres de celle de **sculp**ture qu'il a été dit plus haut, art. 4, s'assemble à une heure de l'après-midi, avec les **mem**bres du bureau de l'Académie, dans le lieu où sont exposées les esquisses.

Art. 11.

Les membres du bureau prennent part à toutes les discussions; mais ils n'ont voix délibérative qu'autant qu'ils appartiennent à la section de gravure ou à celle de sculpture.

ART. 12.

Il est ensuite fait choix, par la voie du scrutin, et à la majorité absolue des suffrages, du nombre d'esquisses dont les auteurs doivent être admis au second concours d'essai.

Ce nombre ne pourra excéder douze.

ART. 13.

Les esquisses admises par ce premier jugement sont déposées au secrétariat de l'école, pour être produites, lors du jugement du second concours d'essai, dont elles font essentiellement partie.

ART. 14.

Immédiatement après le jugement, les noms des élèves admis au second concours d'essai, sont affichés dans l'école.

SECOND CONCOURS D'ESSAI.

ART. 15.

Les concurrents admis au second concours d'essai, se rendent, au jour indiqué, dans la salle du modèle, pour y exécuter, sur un fond de 64 centimètres sur 50 centimètres, une figure de la grandeur de ce fond, d'après le modèle vivant posé par le membre de l'Académie désigné plus haut, art. 8.

Les encadrements et les bases doivent être placés à angle droit sur le fond.

Le rang pour le choix des places est déterminé par l'ordre dans lequel les concurrents ont été admis par le précédent jugement.

ART. 16.

Il est accordé pour ce concours d'essai quatre jours, à sept heures de travail par jour, y compris les repos du modèle.

ART. 17.

Lorsque ce concours est terminé, après le départ de tous les élèves, les figures sont timbrées par le membre de l'Académie, en présence du secrétaire perpétuel de l'école.

ART. 18.

Avant le jugement, les figures sont exposées publiquement pendant deux heures, dans une salle de l'école. Ces figures sont placées suivant l'ordre d'admission des esquisses.

JUGEMENT DU SECOND CONCOURS D'ESSAI.

ART. 19.

Au jour indiqué, il est procédé, selon les formes prescrites aux articles 10 et 11, au choix des concurrents qui doivent être admis au concours définitif. Les esquisses du premier concours d'essai doivent être réunies aux figures.

ART. 20.

Le nombre des concurrents aux grands prix ne doit pas excéder six.

ART. 21.

Immédiatement après le jugement, les noms des élèves admis au concours définitif sont affichés dans l'école, ainsi que la désignation du jour fixé pour ce concours.

ART. 22.

Les concurrents entrent en loge le jour qui leur est indiqué.

Le choix des loges se fait suivant l'ordre de réception des figures.

CONCOURS DÉFINITIF.

ART. 23.

Le matin du jour choisi pour ce concours, à sept heures, la section de gravure, à laquelle ont été adjoints trois membres de celle de sculpture, comme il a été dit plus haut, s'assemble sous la présidence du bureau de l'Académie, pour rédiger le programme d'un sujet, qui devra être modelé en terre, puis gravé, soit sur acier, soit sur pierre fine. La section déterminera en même temps de quelle manière sera exécuté ce sujet, soit sur acier, soit sur pierre fine, en creux ou en relief.

Le choix du programme se fait suivant le mode déterminé pour le concours de sculpture, art. 40, 41, 42, 43.

ART. 24.

Le sujet est porté aux concurrents en loge par le secrétaire perpétuel de l'Académie, accompagné de deux commissaires, n'ayant pas, autant que possible, d'élèves au concours, et copie du programme est donnée à chacun des concurrents.

ART. 25.

Ce programme doit être remis aux concurrents à 9 heures du matin au plus tard.

ART. 26.

Les concurrents ont la journée pour faire l'esquisse du sujet donné. Cette esquisse doit être exécutée sur un fond de 32 centimètres dans sa plus grande largeur.

ART. 27.

Pendant cette journée, aucun des concurrents ne doit ni sortir de sa loge, ni communiquer avec qui que ce soit du dehors, sous peine de mise hors du concours.

ART. 28.

Après le départ de tous les élèves, les esquisses sont reçues par le membre de l'Académie, et timbrées par lui du sceau de l'Académie, en présence du secrétaire perpétuel de l'école.

Art. 29.

Ces esquisses, moulées immédiatement, sont numérotées sur la plinthe par les concurrents, selon l'ordre de leur réception, en présence de l'agent de l'école.

Art. 30.

Les esquisses enfermées sous le scellé sont confiées à la garde du secrétaire de l'école et sous sa responsabilité, pour être reproduites par lui, lors de l'exposition publique du concours.

Art. 31.

D'après cette esquisse, à laquelle ils sont tenus de se conformer rigoureusement, les concurrents exécutent en terre et de bas-relief le sujet du programme, sur un fond de 80 centimètres dans sa plus grande dimension, et dans la grandeur même de ce fond.

Art. 32.

Chaque concurrent est tenu d'exécuter le même sujet, soit sur acier, soit sur pierre fine, soit en creux, soit en relief, ainsi que l'aura déterminé la section constituée comme il a été dit ci-dessus, aux art. 4 et 10.

ART. 33.

Il est, en outre, donné aux concurrents une empreinte en relief d'une tête antique gravée, soit sur pierre fine, soit en médaille, et chacun est tenu d'en faire la copie en creux, si c'est en pierre fine, et soit en creux, soit en relief, si c'est sur acier, ainsi que l'aura déterminé d'avance la section.

ART. 34.

Il est entendu que chaque concurrent devra graver cette tête en pierre fine, si le sujet du programme s'exécute sur acier, et sur acier, si c'est en pierre fine que ce sujet s'exécute.

ART. 35.

Les concurrents ont 96 jours de travail pour exécuter en loge ces différents ouvrages.

ART. 36.

Les concurrents ne peuvent introduire dans les loges que des plâtres moulés sur nature, ou des mannequins de femmes, pourvu qu'ils ne soient pas drapés hors des loges, et qu'ils soient d'une proportion différente de celle des figures du bas-relief.

Art. 37.

Les concurrents ne peuvent emporter hors de leur loge soit leur coin, soit leur pierre fine, qui doivent être fixés à l'établi sur lequel ils travaillent, et scellés du sceau de l'Académie, de manière à ne pouvoir en être séparés sans effraction.

Une tentative de séparation motiverait la mise hors de concours. Il en serait de même, si les concurrents essayaient d'emporter hors de loge une empreinte de leur ouvrage.

Art. 38.

Pour le placement des ouvrages et pour l'exposition publique, sont adoptées les mêmes dispositions que pour le concours de sculpture.

JUGEMENT DU CONCOURS DÉFINITIF.

Art. 39.

Le jour indiqué, la section de gravure, constituée comme il a été dit plus haut aux articles 4 et 10, s'assemble, à onze heures du matin, sous la présidence du bureau de l'Académie, dans la salle de l'école où sont exposés les ouvrages des concurrents.

ART. 40.

Deux commissaires, choisis, autant que possible, parmi les membres de la section qui n'ont pas d'élèves au concours, vérifient si tous les concurrents se sont conformés à leurs esquisses, ainsi qu'aux dimensions prescrites par le règlement.

ART. 41.

Sur le rapport de ces commissaires, la section exclut du concours, ou y maintient les concurrents, suivant qu'ils auront observé le règlement, ou bien qu'ils y auront manqué.

ART. 42.

L'assemblée décide ensuite, par la voie du scrutin et à la majorité absolue des suffrages, à quel ouvrage elle décerne le premier grand prix. Elle procède de même pour le second prix.

ART. 43.

Le concours est jugé absolument dans les mêmes formes que celles qui sont prescrites aux art. 13, 27 et 67 des règlements pour les concours de sculpture.

Art. 44.

Si l'assemblée pense qu'il y a lieu à décerner un deuxième second grand prix, ou quelque mention honorable, elle décide ces questions par les mêmes formes de scrutin que pour les autres concours.

Art. 45.

L'opinion de la section sur le mérite des ouvrages est recueillie et motivée dans un procès-verbal signé du président et du secrétaire perpétuel de l'Académie. Le chiffre de la majorité sera consigné dans le procès-verbal, ainsi que le nombre des scrutins qui auront eu lieu.

JUGEMENT DÉFINITIF.

Art. 46.

A une heure de l'après-midi, le même jour, l'Académie s'assemble dans le même local.

Art. 47.

Lecture faite par le secrétaire perpétuel du procès-verbal de la séance du jugement pré-

paratoire, le président charge deux commissaires, choisis autant que possible parmi les
membres de la section qui n'ont pas d'élèves
au concours, et autres que les deux premiers,
d'examiner si les ouvrages sont conformes aux
esquisses et aux dimensions prescrites par le
règlement.

Art. 48.

D'après le rapport de ces commissaires, et
à raison des observations auxquelles il peut
donner lieu, l'Académie décide si tous les
concurrents sont maintenus au concours, ou
si quelqu'un en sera exclu.

Art. 49.

L'Académie procède ensuite, par la voie
du scrutin et à la majorité absolue des suffrages, au choix de l'ouvrage qui mérite le
premier grand prix.

Il est procédé de même pour le jugement du
second grand prix.

S'il est fait la proposition d'accorder un
deuxième second grand prix ou quelque mention honorable, l'Académie délibère sur ces
propositions dans les mêmes formes de scrutin.

ART. 5o.

Les noms des concurrents qui ont remporté les grands prix sont proclamés à mesure que les jugements sont rendus.

CONCOURS DE COMPOSITION MUSICALE.

ARTICLE PREMIER.

Le concours annuel pour le grand prix de composition musicale a lieu le premier samedi de juin.

Un avis inséré dans les feuilles publiques invite, un mois d'avance, tous ceux qui seront dans l'intention de concourir, à se faire inscrire, à cet effet, au secrétariat de l'Institut, et à justifier qu'ils remplissent les conditions requises.

ART. 2.

Les concurrents qui auront satisfait à cette première obligation seront admis, en produisant un certificat d'un maître, constatant qu'ils ont suivi un cours d'études musicales qui rend apte à concourir pour les grands prix de musique.

ART. 3.

Au jour et à l'heure indiqués pour l'ouverture du concours d'essai, la section de musique, réunie aux membres du bureau de l'Académie, s'assemble dans une des salles du secrétariat de l'Institut.

CONCOURS D'ESSAI.

ART. 4.

Les élèves admis au concours d'essai composeront une fugue à quatre parties au moins, dont ils recevront le sujet au moment d'entrer en loge.

Chacun des membres de la section de musique devra fournir un sujet de fugue. Le sort désignera celui de ces sujets qui devra être traité par les concurrents.

Ceux-ci seront tenus de composer, en outre, un chœur à quatre voix au moins, pour les voix de soprano, contralto, ténor et basse, sur un texte poétique donné par la section de musique et tiré au sort; ce chœur sera avec accompagnement à grand orchestre.

Art. 5.

Il sera accordé six jours entiers aux concurrents pour l'exécution des travaux qui leur sont demandés par l'article précédent. Il est bien entendu que les six jours entiers se passent en loge, sans que les concurrents puissent, sous aucun prétexte, avoir aucune communication avec le dehors.

Art. 6.

Peu de jours après, la section de musique, réunie aux membres du bureau, s'assemble pour juger les ouvrages des concurrents, et choisir ceux qui doivent être admis au concours définitif.

Les membres du bureau prennent part à toutes les discussions; mais ils n'ont voix délibérative pour le jugement des ouvrages, que s'ils font partie de la section.

Le jugement de la fugue et du chœur se fera simultanément dans une seule et même séance.

Le nombre des concurrents admis au concours définitif est de six au plus.

Art. 7.

§ 1. Il est ouvert tous les ans un concours de poésie, dont le sujet est une scène lyrique à trois personnages, à mettre en musique pour le concours de composition musicale. La veille du jour fixé pour l'ouverture de ce concours, les membres de la section de musique, réunis à ceux du bureau de l'Académie, procèdent à l'élimination des pièces de vers qui ne sont pas dans les conditions requises. Le jour même du concours, les mêmes membres s'assemblent de nouveau, pour choisir, entre les pièces réservées, celle qui paraîtra la plus propre à être mise en musique. Ce choix fait suivant les formes prescrites en pareil cas, au scrutin secret et à la majorité absolue des suffrages, les concurrents sont introduits, et il leur est donné lecture de la pièce de vers choisie, dont chacun d'eux prend copie, séance tenante. Après quoi ils sont conduits en loge par le secrétaire perpétuel de l'Académie, accompagné de deux membres de la section de musique désignés par le président.

§ 2. La scène lyrique devra être à trois voix, une de soprano, une de ténor et l'autre de basse. Elle comprendra un ou deux airs, un duo et un trio, dont une partie devra, autant que le sujet le comportera, être sans accompagnement, sans compter les récitatifs qui serviront à lier entre elles ces diverses parties.

Art. 8.

La scène lyrique devra être précédée d'une introduction instrumentale dont le caractère sera conforme à celui du sujet.

Art. 9.

Les concurrents ont vingt-cinq jours pleins pour effectuer leur travail, sans sortir de leurs loges.

JUGEMENT PRÉPARATOIRE.

Art. 10.

Au jour indiqué pour le jugement préparatoire, trois jours au plus avant celui de la séance ordinaire (ce jour doit être un jour de séance ordinaire de l'Académie), la section de musique, réunie aux membres du bureau, s'assemble sous sa présidence, dans une des salles de l'École royale des beaux-arts ; elle examine les partitions des concurrents et elle entend l'exécution de leur scène, qui a lieu par des chanteurs admis par elle. Les concurrents doivent, autant que possible, accompagner eux-mêmes leur scène au piano, et ils se retirent, chacun après l'exécution de la sienne.

Cette opération terminée, le président pose la question : A quel numéro y a-t-il lieu à décerner le premier grand prix? Les membres du bureau prennent part à la discussion ; mais ils n'ont voix délibérative que s'ils sont membres de la section.

La décision est rendue à la majorité absolue des suffrages, sans recours au ballottage.

Art. 11.

Si, en conséquence de ce scrutin, la majorité absolue des suffrages est acquise à l'un des ouvrages du concours, la section procède ensuite, dans les mêmes formes, pour adjuger un second grand prix, puis, s'il y a lieu, un deuxième second grand prix, et une ou plu-

sieurs mentions honorables, tant que la majorité négative ne s'y opposera pas.

ART. 12.

L'opinion de la section sur le mérite absolu
ou relatif des ouvrages est recueillie et sommairement motivée, dans un procès-verbal
signé du président et du secrétaire perpétuel.
Ce procès-verbal fera mention du nombre de
voix acquis à chaque ouvrage et de celui
des scrutins qui auront eu lieu.

JUGEMENT DÉFINITIF.

ART. 13.

La séance de l'Académie ouverte, et lecture
faite par le secrétaire perpétuel du jugement
de la section, qui jusque-là a dû être tenu
secret, les chanteurs admis par elle exécutent,
avec accompagnement de piano, la scène lyrique composée par les concurrents, dans
l'ordre même de leur admission au concours
définitif. Les concurrents pourront accompagner eux-mêmes leur scène; ils se retireront
après l'exécution.

ART. 14.

Cette épreuve terminée, le président invite l'assemblée à voter immédiatement. Les formes observées pour le jugement préparatoire sont exactement suivies pour celui-ci, ce qui a lieu par la voie du scrutin individuel, et jusqu'à ce qu'il s'ensuive une majorité absolue des suffrages, sans recours au ballottage, et en posant ainsi la question : *A quel numéro doit être accordé le premier grand prix?*

ART. 15.

Dans le cas où l'Académie n'aurait pas décerné le premier grand prix, ce premier grand prix est tenu en réserve pour le concours suivant, s'il y a lieu.

ART. 16.

Le président consulte ensuite de la même manière l'Académie, pour savoir à quel numéro sera donné le second grand prix.

ART. 17.

S'il est fait la proposition d'accorder, soit un deuxième second grand prix, soit quelque mention honorable, l'Académie décide ces questions en procédant dans les mêmes formes de scrutin.

ART. 18.

Les noms des concurrents qui ont remporté les prix sont proclamés au fur et à mesure des jugements.

ART. 19.

La scène lyrique qui a obtenu le premier grand prix est exécutée dans la séance publique de l'Académie.

ART. 20.

S'il n'y avait pas de premier grand prix, la scène lyrique à laquelle aurait été adjugé le second grand prix serait exécutée dans la séance publique.

RÈGLEMENTS

POUR LES PENSIONNAIRES

DE

L'ACADÉMIE DE FRANCE
A ROME.

NOMINATIONS, TRAITEMENTS.

ARTICLE PREMIER.

Les élèves qui ont remporté les premiers grands prix aux concours annuels de l'Institut sont pensionnés sur les fonds de l'État, savoir :

Les peintres d'histoire,	
Les sculpteurs,	
Les architectes,	pendant 5 années.
Les graveurs en taille-douce,	
Les compositeurs musiciens,	
Les peintres de paysage,	
Les graveurs en médailles,	pendant 4 années.
Les graveurs en pierres fines,	

ART. 2.

Tout pensionnaire est tenu de se trouver

à Rome dans le courant de janvier de l'année où il entre en possession de sa pension; faute par lui de remplir cette obligation, il perdra son titre et ses droits de pensionnaire, à moins que l'Académie n'en décide autrement, d'après des motifs d'excuses légitimes qu'il aura fait valoir en sa faveur.

Art. 3.

Les pensionnaires jouissent en Italie, en Allemagne ou en France, des droits acquis par les prix qui leur ont été décernés; et ils sont tenus, pendant la durée de leur pension, à des travaux déterminés, suivant l'art que professe chacun d'eux.

Art. 4.

Les élèves arrivés à Rome se présentent au directeur de l'Académie de France à Rome; ils ne peuvent être reconnus par lui en qualité de pensionnaires de l'école, qu'autant qu'ils sont porteurs de leur titre revêtu des formes légales.

Cette pièce est enregistrée et remise ensuite au titulaire.

Art. 5.

Pendant leur séjour à Rome, les pensionnaires sont logés et nourris au palais de l'Académie. Les frais de ceux de leurs travaux qui appartiennent à l'État sont supportés par l'État.

Art. 6.

Les artistes mariés ne pouvant être admis aux concours de l'Académie, ni par conséquent devenir pensionnaires, l'élève qui se marierait durant le temps de son séjour à Rome perdrait sa pension.

Art. 7.

Le temps des pensionnaires devant être exclusivement consacré à l'étude, il leur est interdit de se livrer à aucun travail de spéculation.

Art. 8.

Chaque élève, avant son départ de Paris, reçoit une somme de 600 f. pour les frais de son voyage, et il lui est payé, pour son retour en France, une pareille somme de 600 f., sur les fonds de l'Académie de Rome.

ART. 9.

Il est alloué en outre à chaque élève, pendant son séjour en Italie, une somme annuelle de 1,200 f., savoir :

1º 900 francs qui lui sont comptés en argent, à raison de 75 francs par mois, soit pour son entretien personnel, soit pour les dépenses des travaux d'obligation, soit enfin pour des courses et des recherches spéciales.

2º 300 francs qui forment un fonds de réserve, dont il est tenu compte aux élèves dans la dernière année de leur pension, lorsqu'ils ont rempli toutes les conditions imposées par le présent règlement.

ART. 10.

Le tableau qui forme le travail de la cinquième année du pensionnaire peintre, et qui reste la propriété de l'auteur, pourra être acheté par l'État, lorsqu'il en aura été jugé digne par l'Académie, qui en fera l'objet d'un rapport spécial adressé à M. le Ministre de l'intérieur. Il en sera de même pour la statue, pour le paysage historique, pour la pierre gravée et pour la médaille, qui sont l'objet du travail de dernière année des pensionnaires, sculpteurs, paysagistes, et graveurs en pierres fines et en médailles.

Pour la planche qui forme le travail de cinquième année du graveur en taille-douce , il sera accordé par le gouvernement une souscription tendante au même but, lorsque ce travail se trouvera dans les mêmes conditions, au jugement de l'Académie.

L'architecte qui sera dans le même cas , c'est-à-dire, qui aura rempli toutes les obligations de sa pension de la manière la plus satisfaisante, d'après le rapport spécial qui en sera adressé par l'Académie au Ministre, sera attaché, en qualité d'auditeur, au conseil général des bâtiments civils.

TRAVAUX DES ÉLÈVES.

ÉTUDES COMMUNES.

ART. 11.

Le modèle vivant est posé tous les jours pendant deux heures (excepté les dimanches et fêtes), dans une des salles du palais de l'A-

cadémie. Les pensionnaires qui doivent se livrer à cette étude s'y rendent, en été, depuis
six heures du matin jusqu'à huit; et en hiver,
depuis six jusqu'à huit heures du soir.

Art. 12.

Les galeries de sculpture et d'architecture
sont ouvertes aux pensionnaires tous les jours,
excepté les dimanches et fêtes.

Art. 13.

La bibliothèque de l'Académie est ouverte
aux pensionnaires tous les jours sur leur demande, et leur est exclusivement réservée.

Les livres de la bibliothèque ne doivent pas
sortir du palais.

ÉTUDES PARTICULIÈRES.

Art. 14.

ſ Les études particulières à chaque art, et les
droits aussi bien que les obligations de chaque
pensionnaire, sont déterminés par les articles
qui suivent.

Art. 15.

Le peintre d'histoire, le sculpteur, l'architecte et le graveur en taille-douce, passent les cinq années de leur pension en Italie, sauf les absences autorisées; le peintre paysagiste, ainsi que les graveurs en pierres fines et en médailles, y demeurent aussi leurs quatre années.

PEINTRES D'HISTOIRE.

ART. 16.

Le pensionnaire peintre sera tenu :

1° Chacune des deux premières années de son séjour à Rome, d'exécuter une figure peinte d'après nature et de grandeur naturelle; plus, un dessin très-étudié, d'après une peinture des grands maîtres, de deux figures au moins; plus, un dessin d'après l'antique, soit statue, soit bas-relief.

2° Dans le cours de la troisième année, une figure peinte, comme ci-dessus, et l'esquisse peinte ou dessinée d'un sujet qui devra être tiré de la mythologie ou de l'histoire ancienne, sacrée ou profane.

3° Dans sa quatrième année, la copie, peinte à l'huile, d'un tableau de grand maître, ou bien des fragments peints ou dessinés, de trois figures au moins, d'après les fresques ou des originaux de grands peintres, à son choix et avec l'approbation du directeur.

Ces fragments copiés seront de la grandeur des originaux ; si toutefois les originaux étaient de proportion colossale, et que l'artiste voulût les réduire, les copies n'auront pas moins de deux mètres de proportion. Chaque pensionnaire fait de plus, dans la même année, une esquisse peinte, de sa composition, de 65 cent. au moins, et ne comprenant pas moins de douze figures, dont le sujet soit tiré de la mythologie ou de l'histoire.

(Les copies dont il est parlé ci-dessus appartiennent au gouvernement.)

4° Dans le cours de la cinquième année, un tableau de sa composition, de plusieurs figures de grandeur naturelle, dont le sujet sera pareillement emprunté à la mythologie ou à l'histoire.

Ce tableau est la propriété du pensionnaire ; il n'aura pas plus de 4 mètres dans sa plus grande dimension.

SCULPTEURS.

Art. 17.

Le pensionnaire sculpteur doit exécuter :

1° § 1. Dans la première année, un bas-relief d'une ou deux figures de grandeur naturelle, dont l'une au moins soit nue, si le sujet de ce bas-relief comporte deux figures. Dans le cas où il ne comprendrait qu'une seule figure, elle serait nécessairement nue.

§ 2. Il sera tenu en outre de faire choix de la statue qu'il devra copier en marbre pour son travail de deuxième année, d'exécuter les restaurations qu'il y aurait à y faire, et d'en faire ébaucher le marbre à la grosse gradine.

(Cette copie en marbre appartient au gouvernement.)

2° Pendant le cours de la deuxième année de la pension, il achèvera la copie en marbre ébauchée l'année précédente, et pour le choix de laquelle il aura obtenu l'approbation du directeur. A ce travail de la copie sera jointe une tête d'étude exprimant un sujet.

3° Dans la troisième année, une figure de

ronde bosse, de sa composition et de grandeur naturelle, plus, l'esquisse très-arrêtée en bas-relief d'une composition importante, ne comprenant pas moins de huit figures ; les figures de cette esquisse auront 40 cent. de proportion au moins.

4° Dans la quatrième année, le modèle d'une figure de sa composition, de grandeur naturelle, plus, une esquisse d'un groupe en ronde bosse de trois figures au plus, de 40 cent. de proportion au moins.

5° Dans le cours de sa cinquième année, l'exécution en marbre de la figure dont il aura fait le modèle l'année précédente.

(Cette figure appartient au pensionnaire.)

Art. 18.

Le gouvernement fournit les marbres pour la copie de la statue antique à ébaucher dans la première année, et pour la figure à exécuter dans la cinquième.

Les frais d'ébauche de la copie et de la figure de cinquième année ne sont faits que jusqu'à la grosse gradine inclusivement.

ARCHITECTES.

ART. 19.

Chaque pensionnaire architecte doit faire :

1° Pendant le cours de chacune des deux premières années de son séjour à Rome, quatre études de détail, d'après les plus beaux monuments antiques, à son choix et avec l'approbation du directeur ; ces détails, dessinés d'après les monuments mêmes, doivent être rendus au quart de l'exécution. Il doit, pour son travail de troisième année, faire également quatre études de détail, et, de plus, y ajouter une portion, soit de l'édifice antique d'où ces détails sont pris, soit de tout autre édifice antique à son choix, en indiquer les proportions, et en faire connaître la construction.

Il est pris pour l'Académie des beaux-arts des calques des dessins de ces trois premières années, qui sont déposés dans ses archives, et les dessins sont rendus aux pensionnaires qui en restent propriétaires.

2° Dans le cours de la quatrième année, il

fait les dessins géométraux d'un monument antique de l'Italie ou de la Grèce, à son choix et avec l'approbation du directeur; ces dessins seront lavés et exécutés d'après le monument dans l'état où il se trouve; le pensionnaire doit y joindre les dessins arrêtés de la restauration du monument, telle qu'il l'aura conçue, et un précis historique sur son antiquité et sa construction. De plus, il ajoute à ces objets les détails des parties les plus intéressantes, au quart de l'exécution.

(Les dessins de ces restaurations appartiennent au gouvernement.)

3° Pendant la cinquième année, le pensionnaire fait le projet d'un monument public, de sa composition et conforme aux usages de la France; les dessins de ce projet sont terminés, et en présentent les plans, coupes et élévations, plus les détails convenables, tant pour la clarté des idées que pour la construction. Le format de ces dessins est au moins de la grandeur du papier grand aigle de Hollande.

(Ces dessins restent la propriété du pensionnaire.)

Art. 20.

Les pensionnaires architectes seront autorisés à faire des excursions, à partir du commencement de la troisième année; ils communiqueront leur itinéraire et le but de leur voyage au directeur de l'Académie, dont ils devront obtenir l'approbation. Ils pourront aussi faire le voyage d'Athènes, pour y étudier les antiquités qui s'y trouvent, et ils emploieront à ces études quatre mois au plus de leur troisième année.

Art. 21.

A leur retour à Rome, ils doivent faire connaître au directeur de l'Académie le résultat de leurs travaux, et lui communiquer les dessins qu'ils auront exécutés.

GRAVEURS EN TAILLE-DOUCE.

Art. 22.

1° Chaque pensionnaire graveur devant fréquenter habituellement l'école du modèle vivant et se livrer à l'étude de l'antique, sera tenu d'envoyer, à la fin de sa première année, deux figures nues, d'après nature, et deux dessins de figures d'après l'antique ; quatre études de fragments ou parties détachées d'après les tableaux ou fresques des grands maîtres ; le dessin d'un beau portrait anciennement peint par quelque maître célèbre, dont l'original sera pris en Italie, et dont le choix sera approuvé par le directeur de l'Académie : ce dessin aura au moins 22 centimètres de haut et le masque devra avoir 6 centimètres.

2° Le pensionnaire graveur sera tenu, dans la seconde année de son séjour à Rome, de faire, comme l'année précédente, deux études dessinées d'après nature et deux d'après l'antique, et un dessin, de 40 centimètres au moins, d'après un tableau ou une fresque d'un grand maître. Il devra en outre déposer entre les mains du directeur de l'Académie, à la fin de cette seconde année, une épreuve de la planche du portrait dessiné par lui dans la première année et ébauché dans le courant de la seconde.

Un certificat du directeur, envoyé à l'Académie, constatera l'exécution de cette ébauche.

3° Dans sa troisième année, le pensionnaire graveur fera deux études dessinées d'après nature et deux figures d'après l'antique; et de plus, un dessin de deux figures au moins, d'après un tableau ou une fresque d'un grand maître. Le choix de la fresque ou du tableau devra être approuvé par le directeur de l'École de Rome, et le dessin devra avoir au moins 38 centimètres sur 27 centimètres, et servir pour faire la planche qui devra être de cette dimension, et qui sera nécessairement terminée dans le cours des deux dernières années.

La planche du portrait dessiné dans la première année, ébauché sur le cuivre dans la seconde, devra être terminée dans la troisième. Le cuivre, accompagné d'une épreuve, fera partie de l'exposition. Cette planche appartiendra à l'École royale des beaux-arts de Paris. L'auteur pourra être autorisé par le Ministre de l'intérieur à en tirer jusqu'à la la concurrence de trois cents épreuves qui resteront la propriété de l'artiste; mais cette autorisation ne sera accordée qu'à la fin de la pension et lorsque le pensionnaire aura satisfait à toutes les obligations du règlement. Il pourra en outre en être tiré, sur le rapport de l'Académie et avec l'autorisation du Ministre, un certain nombre d'épreuves qui seront placées dans les établissements publics.

4° Dans la quatrième année, le pensionnaire devra, outre les deux figures nues et les deux d'après l'antique, ébaucher entièrement la planche dont il aura exécuté le dessin dans la troisième année.

Un certificat du directeur sera adressé à l'Académie royale des beaux-arts, pour attester que cette planche est entièrement ébauchée.

5° La cinquième année sera employée par le graveur à terminer, à Rome, la planche dont il aura fait le dessin dans la troisième année, et qu'il aura ébauchée dans la quatrième.

(Cette planche sera la propriété du pensionnaire.)

GRAVEURS EN MÉDAILLES ET EN PIERRES FINES.

Art. 23.

Chaque pensionnaire graveur devra :

1° Dans la première année, une copie modelée d'un bas-relief antique ; les figures de cette copie, s'il y a lieu à réduction, ne doivent pas avoir plus de soixante-cinq centimètres ; plus, la copie en creux d'une médaille antique. Tous ces objets d'études sont à leur choix, sauf l'approbation du directeur.

2° Dans la deuxième année, une figure nue d'après nature en bas-relief, de 35 centimètres, en cire ; plus, une pierre gravée en creux, et une autre gravée en relief, toutes deux d'après l'antique ; en outre, une tête d'étude exprimant un sujet, dans un médaillon de 16 centimètres, en cire, toujours avec l'approbation du directeur.

3° Dans la troisième année, la copie en médaillon d'une statue antique, à son choix avec l'approbation du directeur ; plus, l'exécution sur camée de sa tête d'étude de l'année précédente, et en outre, l'esquisse très-arrêtée d'une médaille, dont le sujet n'aura pas moins de trois figures, sur un champ circulaire de 28 centimètres de diamètre.

4° Dans la quatrième année, un bas-relief de sa composition, de deux figures au moins, de 3o centimètres de proportion, qu'il exécutera en médaille ; ce bas-relief devra être modelé en cire et de forme circulaire.

(L'ouvrage de la deuxième année appartient au gouvernement ; les autres ouvrages exécutés par le pensionnaire demeurent sa propriété.)

ART. 24.

Le directeur de l'Académie pourvoit aux frais d'achat de pierres fines, sur les fonds de l'établissement.

PEINTRES PAYSAGISTES.

ART. 25.

Chaque pensionnaire peintre de paysage exécute :

1° Dans le cours de chacune de ses trois premières années de séjour en Italie, le tableau d'une vue prise sur nature, qui devra avoir un mètre 3o centimètres dans sa plus grande dimension. Ces trois tableaux doivent représenter alternativement, mais dans un ordre successif, au choix du pensionnaire, un site de paysage, agreste ou montueux; un site de paysage avec fabriques ou ruines, etc.; un site de paysage, côte marine. Chacun de ces tableaux doit être orné de figures et d'animaux. L'artiste donne par écrit la désignation du lieu d'où chacune de ces vues est prise. Le tableau de la troisième année devra représenter une vue exacte d'un site de l'Italie, dont le choix sera approuvé par le directeur. Le paysagiste fera de plus, dans chacune de ces trois années, deux figures peintes d'après nature, lesquelles devront avoir au moins 42 centimètres de proportion.

2° Dans le cours de sa quatrième année, il fait un tableau de sa composition, dont le sujet sera tiré de l'histoire ancienne, profane ou sacrée, ou de la mythologie, d'un mètre 6o centimètres au moins.

(Le tableau de troisième année appartient

au gouvernement, les autres travaux demeurent la propriété du pensionnaire.)

MUSICIENS COMPOSITEURS.

ART. 26.

Le compositeur de musique séjourne les deux premières années de sa pension à Rome, et, du consentement du directeur de l'Académie, dans d'autres villes d'Italie où il peut faire des études utiles.

La troisième année, il visite les principales villes de l'Allemagne, telles que Vienne, Munich, Prague et Berlin, en séjournant dans chacune de ces villes tout le temps qu'il juge nécessaire pour son instruction, et en adressant chaque trimestre, à l'Académie des beaux-arts, un rapport détaillé sur le cours d'études qu'il y a faites.

ART. 27.

Chaque pensionnaire musicien est tenu de composer et d'adresser à l'Académie :

1° Pour la première année, deux partitions complètes.

L'une de ces partitions sera un *oratorio*, sur

des paroles françaises, italiennes ou latines, ou bien, au choix du pensionnaire, un ouvrage de musique sacrée, soit une *messe solennelle*, soit une *messe de requiem*, ou un *Te Deum*.

La seconde partition sera un opéra français ou italien, dont le pensionnaire choisira le livret parmi les ouvrages déjà représentés, à moins qu'on ne lui fournisse un poëme nouveau qui sera agréé par le directeur de l'Académie de France à Rome. Chacune de ces deux partitions aura l'importance d'un opéra en trois actes.

2° Pendant le cours des seconde et troisième années, ce pensionnaire remplira les mêmes obligations, avec cette différence qu'il pourra remplacer l'*oratorio* ou l'ouvrage de musique sacrée par une *symphonie composée de quatre morceaux*, et qu'il devra varier ses travaux de manière que, s'il envoie une année *un opéra italien* et un *oratorio*, il adresse l'année suivante une *messe* et un *opéra français*.

ART. 28.

Le compositeur musicien, après avoir joui, pendant son voyage et son séjour en Italie, dans les deux premières années de son pensionnat, des avantages énoncés aux articles 4, 5 et 6, reçoit en Allemagne pour sa troisième année, et à Paris pour les deux dernières, une somme annuelle et fixe de 3,000 fr.

ART. 29.

De retour à Paris, le pensionnaire sera tenu d'écrire, pendant la quatrième année comme pendant la cinquième, un opéra en un acte, soit sur un ancien livret, soit sur un nouveau, qui lui serait confié à titre d'essai, et qui serait soumis à l'appréciation de la section de musique de l'Académie des beaux-arts. Ces opéras seront exécutés au Conservatoire, en séance publique, par les élèves de cet établissement, sous la surveillance du directeur du Conservatoire.

Le pensionnaire de cinquième année devra en outre composer l'ouverture destinée à être exécutée au commencement de la séance publique annuelle de l'Académie, après avoir été préalablement soumise au jugement de la section de musique.

Art. 30.

Faute par le pensionnaire de s'acquitter des travaux prescrits à l'article 29, il sera passible d'une retenue pareille à celle que subissent les autres pensionnaires qui se trouvent dans le même cas. En conséquence, il ne pourra toucher le second semestre de son traitement de la dernière année que sur un certificat du secrétaire perpétuel de l'Académie, délivré d'après un rapport de la section de musique, constatant que ce pensionnaire a rempli fidèlement ses obligations.

Art. 31.

Il jouit de ses entrées aux théâtres lyriques de Paris, pendant les quatrième et cinquième années de sa pension.

EXPOSITION DES OUVRAGES.

Art. 32.

Il y a tous les ans, au 1er avril, et pendant quinze jours, exposition publique au palais de l'Académie de France à Rome, des travaux obligatoires des pensionnaires peintres, sculteurs, architectes, graveurs en taille-douce, graveurs en pierres fines et en médailles.

Il ne peut être admis à cette exposition que les travaux exécutés en accomplissement du règlement, dans le cours de l'année à laquelle ils appartiennent.

Art. 33.

Ces ouvrages sont, après le temps d'exposition à Rome, envoyés annuellement à Paris, et adressés au Ministre de l'intérieur, qui les soumet au jugement de l'Académie des beaux-arts, et fait ensuite passer au directeur de l'Académie de France le résultat de cet examen, pour qu'il en soit donné connaissance à chaque pensionnaire, en ce qui le concerne.

Art. 34.

Les travaux des pensionnaires de Rome sont pendant une semaine exposés à Paris, après l'examen de l'Académie royale des beaux-arts.

Art. 35.

Les ouvrages exposés à Paris, qui n'appartiennent pas au gouvernement, sont déposés sous la garde du secrétaire de l'École des beaux-arts, et remis aux artistes dont ils sont la propriété ou à leur fondé de pouvoir.

ART. 36.

Tout pensionnaire qui manque de satisfaire aux travaux de la dernière année de sa pension, et qui n'aurait pas livré son ouvrage au directeur pour être exposé à Rome, perd la totalité de la somme produite par les retenues de chaque année.

ART. 37.

Toutefois, si l'artiste justifie auprès du directeur du besoin qu'il a d'une partie de sa retenue pour terminer son travail de cinquième année, il pourra l'obtenir, sans que cette partie puisse excéder en aucun cas la moitié de la totalité de la retenue. Le solde de la somme restant à payer s'effectuera à la fin de la cinquième année, et seulement, lorsque les travaux exigés par le présent règlement seront entièrement terminés et remis au directeur pour l'exposition de Rome.

Art. 38.

Le musicien compositeur ne peut réclamer en partant pour l'Allemagne les 600 francs de retenues exercées pendant ses deux ans de séjour en Italie.

Du reste, le pensionnaire compositeur restera soumis à la même retenue pour chacune des deux dernières années qu'il passe à Paris. Mais il touche son traitement en totalité pendant l'année de son voyage en Allemagne.

Art. 39.

Les pensionnaires de l'Académie de France à Rome ne pourront s'absenter de l'Académie, même pour peu de jours, sans en avoir informé le directeur et avoir obtenu son agrément.

ORDRE ÉTABLI A ROME

RELATIVEMENT AUX PENSIONNAIRES.

Art. 40.

Chaque élève a dans le palais de l'Académie de France à Rome une chambre et un atelier qui lui sont particuliers.

Art. 41.

La distribution des logements entre les pensionnaires se fait par le directeur, à raison de la nature de chaque art et en tenant compte du droit d'ancienneté de nomination.

Art. 42.

Il est expressément défendu de transporter les statues, bustes et autres objets, hors des lieux dans lesquels ils sont placés pour l'étude commune.

Art. 43.

Il n'est pas permis d'emporter hors du palais de l'Académie des livres et autres objets dépendants de l'établissement.

Art. 44.

Chaque pensionnaire est responsable des effets mobiliers appartenant au gouvernement qui lui ont été confiés sur un récépissé, soit dans sa chambre, soit dans son atelier, tant pour l'exercice de son art que pour tout autre usage, et il doit en rendre compte au directeur, avant son départ.

Art. 45.

Les pensionnaires se réunissent aux heures prescrites, à une table commune, pour le dîner et le souper.

Ils ne peuvent inviter à leur table personne du dehors.

Le repas n'est servi que dans la salle destinée à cet effet, et à la même heure pour tous.

Art. 46.

Il est défendu aux pensionnaires de retenir pendant la nuit dans le palais qui que ce soit, et sous quelque prétexte que ce puisse être.

Art. 47.

Pour le maintien de l'ordre et de la sûreté de tous, les portes du palais doivent être fermées à minuit.

Art. 48.

Les pensionnaires, sous la protection immédiate du gouvernement, n'oublieront jamais qu'ils doivent joindre aux talents une conduite irréprochable.

Tout pensionnaire qui aurait commis quelques infractions graves aux lois du pays, pourra, sur le rapport du directeur adressé au Ministre de l'intérieur, être privé de la pension de l'État.